dossiê
Gabeira
o filme que nunca foi feito

Uma superentrevista com
o jornalista que um dia virou guerrilheiro:
três décadas depois da volta dos
exilados, Fernando Gabeira revê aventuras,
ilusões, sonhos e pesadelos da geração
que agitou o Brasil

Geneton Moraes Neto

PREFÁCIO:
Ignácio de Loyola Brandão

Editora GLOBO

Para Beatriz, que chegou numa
segunda-feira de Carnaval

Em memória de Joel Silveira, grande
repórter, mestre e amigo

— Que século, meu Deus! — diziam os ratos.

E começavam a roer o edifício.

(Trecho de "Edifício Esplendor", poema de Carlos Drummond de Andrade)

O que foi da geração que sonhou mudar o Brasil?

Fernando Gabeira tornou-se um nome mítico. Provavelmente ele odiará esta minha avaliação, não importa. Há o Gabeira jornalista e sedutor que encantava as mulheres de Ipanema. Há o Gabeira sequestrador do embaixador americano, um assunto que ainda o incomoda. Há o Gabeira preso e torturado. Há o Gabeira exilado em Cuba e na Suécia. Há o Gabeira que volta ao Brasil e provoca corações e mentes com uma sunga de tricô. Há o Gabeira que explode com *O que é isso, companheiro?*, livro-bíblia de uma geração e a ligação com as gerações seguintes. Há o Gabeira militante verde e há o deputado, que investe contra a geleia real em que se transformaram parlamentares, ministros e magistrados deste país que, se por um lado adquire estabilidade econômica, pelo outro vê parte da elite política se desmanchar em cenas de esgoto. Há o Gabeira que defendeu a política do corpo, o antimachismo, os direitos das minorias. O Gabeira candidato à presidência da República (ou teria sido o anticandidato?) e à prefeitura do Rio de Janeiro. O Gabeira de quem Luís Carlos Prestes não gostava, dizia que ele "vivia falando de prostitutas". O Gabeira que, indicado para ser vice do Lula em 1989, foi rejeitado por não ser "macho" o suficiente. (Leia a opinião dele, hoje, sobre o "companheiro" Lula.)

Sem esquecer o Gabeira que, para desespero de conservadores e reacionários, pede a descriminalização da maconha e o político que é insultado todos os dias pela Internet. E o que ele pensa agora do socialismo, da revolução cubana, do comunismo alemão? Como reavalia velhas crenças e encara o fim das ideologias do século xx e a possibilidade de novos grandes projetos? O que é para ele democracia, como vê o "mercado", palavra da temporada? Qual seria revolução atual, e quais os novos modelos para o Brasil?

Este é um livro-entrevista que se lê como um romance. Um documentário sobre uma época que, apesar dos que pregam uma anistia até da memória, precisa ser resgatada para as gerações que não souberam o que foram os bastidores da ditadura militar que assolou o país, como diria Stanislaw Ponte Preta, humorista implacável.

Geneton Moraes Neto chama seu livro de *boulevard* da memória. Definiu a trajetória de Gabeira como montanha-russa. Digo que é uma trajetória avalanche. Como se pode ter vivido tanto, passado por tantas situações diferentes e limites, com absoluta coerência, sempre com uma linha bem traçada de postura e conceito de vida? Como manter a visão lúcida dentro do aparente caos das coisas? Em meio ao constante ineditismo de cada instante e do absurdo recorrente da realidade? De que maneira se ajustar sempre a tempos mutantes sem deixar de ser a mesma pessoa, ter o mesmo pensamento reto de Brasil, mundo e pessoas? Qual a força de Gabeira, sua estratégia, métodos, seu charme?

Geneton é um veteraníssimo entrevistador. Um jornalista que sabe conduzir a conversa de maneira a buscar a verdade. É difícil entrevistar. O jornalista precisa saber em que momento o seu objeto está criando ficção, construindo uma imagem idealizada, usando imaginação, distorcendo fatos. Geneton captura o que a pessoa esconde, não pode ou não quer dizer. *Dossiê Gabeira* deve figurar nas faculdades de jornalismo na cátedra de como entrevistar. A conversa desliza com naturalidade. Vejam aqui como o repórter deve pesquisar intensivamente, documentar-se, ir fundo, buscar os referenciais, conhecer o tempo em que seu personagem, digamos assim, viveu e vive, formatando perguntas que soltam a conversa.

Geneton é enxuto, claro. Não faz malabarismos literários. Conta. Encadeia assuntos que vão de Glauber Rocha (ele teria aconselhado o cineasta a suicidar-se? Descubra aqui) à queda do Muro de Berlim, dos encontros com Regis Debray ou Daniel Cohn-Bendit, ícones da juventude que sonhava com o socialismo nos anos 60, passando por revelações surpreendentes como a participação nos movimentos subterrâneos de Carlos Vereza, Paulo César Peréio, Antero de Oliveira, um dos atores do Arena de Boal. E como não sorrir da conversa que Gabeira pensava estar tendo com Ulisses Guimarães e Tancredo Neves até perceber que os dois velhinhos estavam dormindo? Ou o dramático encontro com Valerie Elbrick, filha do embaixador americano que Gabeira ajudou a sequestrar. Vejam a precisão milimétrica com que Geneton descreve a cena, fácil de resvalar para o pieguismo. A amizade com Luis Eduardo Magalhães, o filho de ACM. Ou a revelação de que Paulo Francis foi o tesoureiro do Grupo dos Onze, nacionalistas liderados por Brizola. Afloram lembranças da Passeata dos Cem Mil, de como a esquerda não reconhecia o valor de Clarice Lispector e Guimarães Rosa, o encontro com Bispo do Rosário, o gênio esquizofrênico, ou o nadador Zé do peixe. Há ainda o episódio dolorido, recente, aquele em que Gabeira reconheceu que usou passagens do Congresso, o que lhe valeu um tsunami de críticas e ofensas.

Geneton não poupou nada, perguntou tudo, como deve fazer o bom jornalista. Daí este livro oceânico, em que há Freud, Fidel, Glauber Rocha, Marx, Nelson Rodrigues, Vianinha, ACM, Sergio Fleury, o caçador de subversivos, Frei Tito, que se matou na França, Romeu Tuma (vejam como Gabeira convive na política com o homem que lhe fez perguntas na prisão), torturadores, Franklin Martins (o idealizador do sequestro do embaixador Elbrick, hoje afastado do ex-companheiro), Tarso de Castro, José Dirceu (epa!) e dezenas de outras figuras relevantes. Aqui estão ainda as dores, reais por causa de um tiro nas costas, e as de consciência, as dúvidas, indecisões, perplexidades. Eis um recorte da história do Brasil recente, pormenorizada.

Ao lermos Dossiê Gabeira, nos perguntamos: o que foi feito da geração que sonhou mudar o Brasil? Gabeira foi um rebelde. Ainda é? Vejam sua resposta surpreendente, sua autoanálise corajosa.

IGNÁCIO DE LOYOLA BRANDÃO

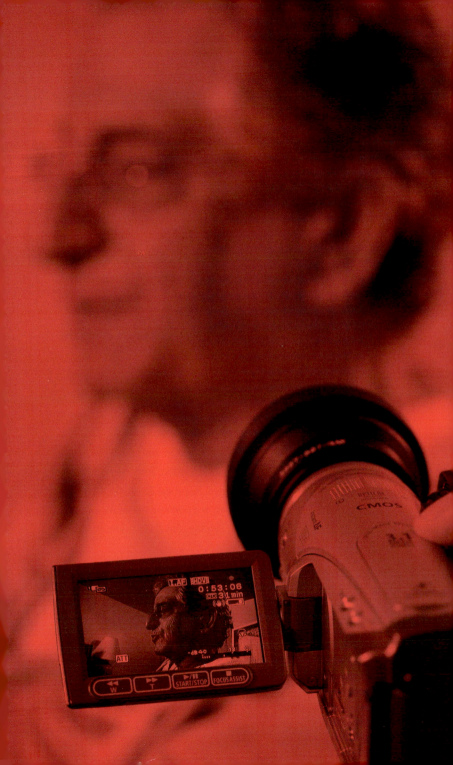

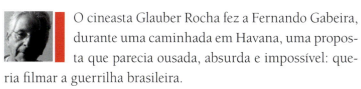 O cineasta Glauber Rocha fez a Fernando Gabeira, durante uma caminhada em Havana, uma proposta que parecia ousada, absurda e impossível: queria filmar a guerrilha brasileira.

O filme jamais foi feito.

As cenas descritas neste *Dossiê Gabeira: o filme que nunca foi feito* poderiam perfeitamente aparecer no épico latino-americano que Glauber Rocha imaginou mas não chegou a filmar.

Vai começar a sessão.

EXTERIOR. DIA. RUA SEM CALÇAMENTO DE UM BAIRRO DE SÃO PAULO. AGENTES PERSEGUEM FERNANDO GABEIRA. OUVEM-SE TIROS.

Acabou.

Já era.

Quando sentiu o impacto nas costas, Fernando Gabeira teve certeza de que iria morrer. Era tiro e queda: não havia como escapar.

O tiro: a bala o atingiu pelas costas no momento em que ele corria para tentar escapar do cerco dos "agentes da repressão".

A queda: a ferida começou a arder violentamente antes até de ele cair no chão.

A morte arde. Fernando Gabeira, a tua hora chegou. Acabas de cair, literalmente, nas mãos do inimigo: a ditadura militar.

Cadê Bob Dylan para cantar em versos épicos a derrocada? *"I heard the sound of a thunder, it roared out a warnin'/* Eu ouvi o som de um trovão/ E ele rugiu um alerta/ *Heard the roar of a wave that could drown the whole world/* Ouvi o rugido de uma onda/ que poderia engolir o mundo todo/ (...) Vou caminhar até os confins da floresta mais escura e profunda/ *I'll walk to the depths of the deepest black forest/* Onde o rosto do carrasco fica sempre escondido/ *Where the executioner's face is always well hidden/* E uma chuva pesada/ uma chuva pesada/ uma chuva pesada vai cair/ *And it's a hard, it's a hard, it's a hard rain's a-gonna fall."*

Que nada. Não haveria nem Bob Dylan nem sons de gaita nem acordes de guitarra naquela tarde solitária. Mas os versos de Dylan, como sempre, estavam certos: uma chuva pesada, um temporal daqueles tinha se armado no horizonte. Ia chover canivete, *"it's a hard rain's a-gonna fall"*. Agora é tarde, Gabeira: o barco ficou à deriva no meio do oceano. Não há escolha: é enfrentar a tormenta ou morrer.

O problema é que, àquela altura, só havia uma única, inútil e desesperada maneira de enfrentar dignamente a tormenta: imaginar uma morte gloriosa.

Enquanto via o sangue lhe escapar do corpo pela ferida,

o guerrilheiro Fernando Gabeira começou a viver o que hoje parece a cena de um delírio. Era como se estivesse encenando, como ator principal, uma daquelas sequências em que o fotógrafo do filme usa um filtro para deixar a imagem propositadamente embaçada.

A diferença é que a cena que Gabeira protagonizou era dramaticamente real: caído no chão, já sem forças para recomeçar a fuga, viu desfilar, diante dos olhos, a imagem de líderes revolucionários que tinham perdido a vida para tentar salvar esta entidade incerta chamada América Latina.

Tinha certeza de que iria morrer. Se era assim, se o destino estava selado, se a vida se esvaía naquelas golfadas de sangue, já não poderia fazer nada, além de tentar dar um tom grandioso ao último ato.

Não queria que a morte se consumasse, anônima, num chão de terra batida numa tarde de sol suburbana. Ah, não. A aventura em que ele tinha embarcado para tentar salvar o Brasil não poderia terminar daquele jeito: solitária, inglória, misturada a sangue e areia, varada de balas.

Era preciso dar um toque épico à própria morte, imaginar um fim heroico para um filme que parecia condenado a terminar melancolicamente, numa sessão vespertina de cinema de subúrbio, sem plateia, sem aplausos, o silêncio quebrado apenas pelo estampido das balas disparadas por um dos agentes que o perseguiam.

Gabeira agarrava-se à imaginação – o último recurso que lhe restava. Fazia o papel de um alpinista que, em queda livre, estendia as mãos para tentar alcançar uma corda invisível no ar.

Imaginou, então, hordas de estudantes fazendo um minuto de silêncio para homenageá-lo, a multidão cantando, quem sabe, os versos do poeta Capinam na letra de "*Soy loco por ti, América*": "Espero a manhã que cante/ *El nombre del hombre muerto*/ Não sejam palavras tristes/ *Soy loco por ti de amores*/ Um poema ainda existe/ Com palmeiras, com trincheiras/ Canções de guerra/ Quem sabe, canções do mar".

Como acontecia naquelas manifestações contra a ditadura, um estudante gritaria com um megafone o nome do novo mártir: "Fernando Gabeira!". A multidão responderia: "Presente!", "presente!", "presente!". O chão da Candelária iria tremer. Richard Nixon, a tua hora vai chegar! Sim, Richard Nixon, o presidente dos Estados Unidos: aquele que, ao saber que o embaixador americano tinha sido sequestrado num bairro do Rio de Janeiro, teria perguntado, cheio de espanto, ao secretário de Estado, William Rogers: "Que merda é essa, Rogers?".

A merda é essa, Rogers: o corpo baleado de Fernando Gabeira vai incendiar corações e mentes, vai acender um rastilho de pólvora pelos campos e cidades desta república sul-americana, vai servir de guia na caminhada de operários e camponeses rumo ao destino inevitável, *hasta la victoria, siempre*.

Depois de ter participado do sequestro do embaixador americano, Gabeira estava em São Paulo para cumprir, na clandestinidade, uma missão que, tempos depois, já na época da abertura política, seria desempenhada por um sindicalista barbudo chamado Luiz Inácio Lula da Silva: agitar o operariado do ABC Paulista. Mas a bala certeira atrapalhou tudo.

O agente que tinha atirado aponta novamente a arma

Tinha certeza de que iria morrer. Mas não queria morrer ali, baleado, no chão, numa rua suburbana. Imaginou uma morte grandiosa.

para Gabeira. Quer dar o tiro de misericórdia, liquidar a fatura, acabar logo com aquela brincadeira brutal de esconde-esconde. Mas o outro impede: não, é melhor levar o bicho para o Hospital das Clínicas. A dupla joga o prisioneiro no banco traseiro de uma caminhonete Veraneio. Toca para o pronto-socorro.

A trilha sonora bem que poderia ser uma voz sussurrando os versos engajados de Ferreira Gullar: "teu fim está perto/ não basta estar certo/ pra vencer a batalha// (...) Ernesto Che Guevara/ não estejas iludido/ a bala entra em teu corpo/ como em qualquer bandido// (...) Ernesto Che Guevara/ é chegada a tua hora/ e o povo ignora/ se por ele lutavas".

A visão, turva, enxerga agora luzes brilhando lá no alto. Deve ser o "precipício de luzes" da canção. Deve ser. Mas, não: são as luzes do teto do corredor do hospital – que desfilam diante dos olhos semicerrados do guerrilheiro estendido numa maca.

Fernando Gabeira só se lembra da voz firme de um médico: "Nome? Ocupação?". Ainda encontra forças para responder: "Ocupação: guerrilheiro!". Os policiais que o cercam riem. A morte arde. Gabeira finalmente desmaia, dopado, a caminho da mesa de cirurgia.

Quando acorda, é interrogado por um capitão que, cercado por dois ajudantes, lhe sopra a frase inesquecível: "Acorda! Você é idealista, mas eu também sou!".

Dias depois, transferido para a sede da Operação Bandeirantes, passaria por sessões de tortura em que houve pelo menos uma cena de humor negro. Um dos torturadores pegou um telefone de campanha usado para dar choques elétricos: "Vou telefonar para Fidel Castro!".

Não era a primeira vez que um agente da lei fazia graça diante de Gabeira. Um policial que tinha levado cinco tiros numa operação contra criminosos comuns passava de vez em quando na sede da Operação Bandeirantes para dar uma espiada nos "presos políticos". Resolveu oferecer a Gabeira uma pílula de sabedoria. Primeiro, exibiu cada uma das cicatrizes de entrada e de saída das balas. Disse que, inexplicavelmente, começou a se sentir um "novo homem" depois de se recuperar dos ferimentos. Pronunciou, então, a frase que Gabeira jamais esqueceria: "Chumbo faz bem à saúde!".

Belo consolo.

A coleção de tiradas imortais que Gabeira arrebanhou em celas, quartéis e delegacias vinha de longe. Quando ainda vivia em Juiz de Fora, nos tempos de secundarista, anos antes de mergulhar na aventura da guerrilha, ouviu de um delegado: "Vou dizer à sua avó que você está incitando a luta de classes!".

O agente que, na hora da prisão, evitou o tiro de misericórdia teve uma atitude profissional: a vida do prisioneiro teria de ser preservada porque ele precisava ser interrogado. Desde então, Fernando Antônio Nagle Gabeira pode dizer, sem exagero, que nasceu duas vezes.

A primeira, no dia 17 de fevereiro de 1941 numa maternidade em Juiz de Fora.

A segunda, no chão daquela rua suburbana de São Paulo, no instante em que o agente-salvador evitou que o tiro de misericórdia fosse disparado. Por onde andará aquele rosto sem nome que evitou a execução sumária? "Era um mulato baixo." Deve estar hoje tomando conta dos netos, em casa.

PEQUENA PAUSA NA PROJEÇÃO
DO FILME QUE NUNCA FOI FEITO

O mineiro que nasceu de novo em São Paulo acaba de chegar à suíte de um hotel na rua Prudente de Morais, em Ipanema, num domingo nublado, para embarcar numa expedição tripla: pelo passado, pelo presente e pelo futuro.

Gabeira tinha aceitado, dias antes, o desafio de passar em revista as turbulências que enfrentou ao longo de uma trajetória extraordinária: poucos personagens da vida pública brasileira terão mergulhado tão fundo em tantos mares tão diferentes. Primeiro, havia o Gabeira jornalista. Depois, o Gabeira guerrilheiro. Em seguida, o Gabeira preso político, o Gabeira exilado, o Gabeira anistiado, o Gabeira militante alternativo. Por fim, o Gabeira parlamentar.

O resultado da empreitada: seis fitas cassete (hoje, relegadas ao papel de relíquias analógicas num mundo digital) gravadas naquela maratona memorialística em Ipanema. *Dossiê Gabeira: o filme que nunca foi feito* traz a íntegra do que se disse ali. Fez-se um trato: Gabeira não viu o resultado da entrevista.

Se a história pudesse ser resumida em poucos parágrafos, poderia ser contada assim: um jornalista talentoso vai para a janela da redação para observar os manifestantes que, lá embaixo, na rua, gritam por democracia. O Brasil vivia sob o regime dos generais. O jornalista decide: não quer ser mero observador do incêndio. Vira militante clandestino.

Em pouco tempo, participa de uma ação espetacular: o sequestro do embaixador do "país mais poderoso do mundo", os Estados Unidos.

Os guerrilheiros queriam:

a. trocar a vida do embaixador americano pela liberdade de militantes que tinham sido presos pelo regime militar – entre eles, três notórios líderes estudantis: Vladimir Palmeira, Luiz Travassos e José Dirceu;

b. obrigar o regime militar a divulgar, em todos os jornais, rádios e tvs, um manifesto denunciando a falta de liberdade;

c. obter uma vitória política de repercussão internacional.

Conseguiram.

"Positivo."

"Operante."

A partir daí, veio uma sucessão de sobressaltos, surpresas, avanços, recuos: prisão, exílio, anistia, militância, parlamento.

Ninguém precisa ser cientista político para detectar, na trajetória de um personagem como Gabeira, pelo menos dois movimentos bem distintos. Num primeiro momento, especialmente nos primeiros anos depois da volta dos exilados, houve a glorificação da resistência: o país ouvia, com todo interesse, os relatos feitos por quem tinha vivido uma guerra.

O segundo movimento trouxe a autocrítica e a reavaliação – um exercício que pode ser penoso. Não é fácil nem simples renegar posições que pareciam feitas de granito.

O que torna fascinante a expedição de Gabeira pelo território da memória é que ele não cai na obviedade ao transitar pelas quatro grandes estações: a guerrilha, o exílio, a militância e o parlamento.

Os exemplos se multiplicam.

O que é que se pode esperar de um ex-guerrilheiro que resolva participar do sequestro do embaixador de uma superpotência? Que tente defender a eficácia do sequestro em situações extremas.

Defende nada.

Gabeira diz que sequestro é indefensável.

O que se pode esperar de um ex-militante que até hoje é proibido de entrar nos Estados Unidos? Que ataque a "intolerância" das autoridades americanas.

Ataca nada.

Gabeira chegou a sonhar com o dia em que poderia caminhar pelas ruas de San Francisco, mas sabe que jamais porá os pés em território americano.

O que é que se pode esperar de um ex-guerrilheiro que passava horas no exílio, em Cuba, estudando os calhamaços de Karl Marx? Que fosse revirar a terra do cemitério de Highgate, em Londres, onde Marx foi enterrado, em busca do Santo Graal que trouxesse explicações para os sobressaltos da história.

Revira nada.

Pelo contrário: três décadas depois de pousar de volta no Brasil a bordo da anistia, Gabeira desenvolveu uma explicação de fundo religioso para tentar entender a motivação da militância política nos chamados "anos de chumbo".

Os guerrilheiros julgavam-se iluminados. Trocavam de nome,

como se estivessem passando por um novo batismo. Acreditavam com fervor na existência de um paraíso.

O Gabeira do século XXI enxerga no Gabeira dos "anos de chumbo" traços de um até então insuspeitado fervor religioso. A diferença é que os santos a quem o guerrilheiro Gabeira dedicava uma sincera devoção não estavam nas paredes do Vaticano.

O que se pode esperar de um militante que passou a vida na esquerda? Que detone ícones do conservadorismo, como o senador Antonio Carlos Magalhães.

Detona nada.

Presidente do Congresso Nacional, ACM se empenhou pessoalmente para que a embaixada dos Estados Unidos finalmente concedesse um visto de entrada ao deputado Gabeira. Resposta: não.

(Como dizem os locutores de TV: já, já, todos os detalhes.)

O filme recomeça.

Um estudante pichou num muro de Paris, em maio de 1968, a pergunta que parecia demasiadamente ousada: "E se a gente incendiasse a Sorbonne?".

Os guerrilheiros que planejavam uma ação explosiva contra o regime militar brasileiro fizeram, a si próprios, uma pergunta igualmente ousada: e se a gente sequestrasse o embaixador dos Estados Unidos para forçar o regime militar a soltar presos políticos?

Assim foi feito.

O Cadillac preto do embaixador Charles Elbrick foi interceptado às duas e meia da tarde do dia 4 de setembro de 1969

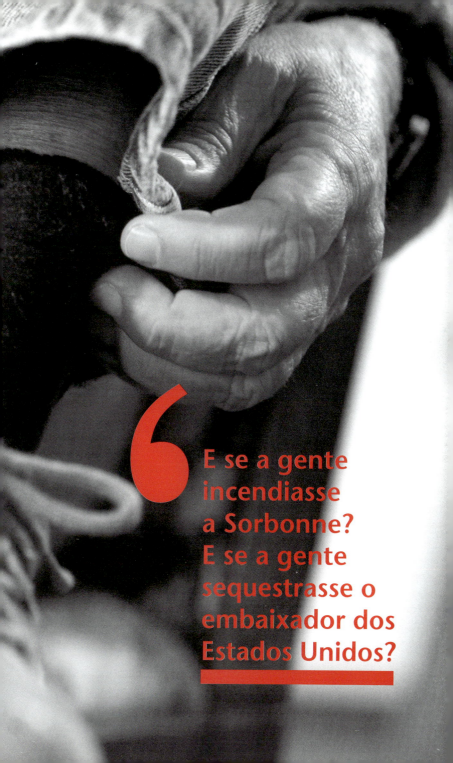

na rua Marques, em Botafogo. Transferido para uma Kombi, na rua Maria Eugênia, a seis quarteirões dali, o embaixador é levado para o cativeiro, no prédio 1.026 da rua Barão de Petrópolis, em Santa Teresa.

A notícia do sequestro vai parar na primeira página do *New York Times*. A Casa Branca tinha sido imediatamente avisada. A Junta Militar – que assumira o poder em substituição ao marechal Costa e Silva, vitimado por uma trombose na manhã do dia 28 de agosto – discutia como responder à provocação.

O regime militar dispunha do AI-5 – um ato institucional que, na prática, revogava as liberdades no país. A lista de horrores incluía fechamento do Congresso Nacional, cassação de mandatos, censura à imprensa, prisão arbitrária de adversários do regime. A previsão de tempo publicada na primeira página do *Jornal do Brasil* do dia seguinte à decretação do AI-5 informava, espertamente, que o clima no país ficara "irrespirável". Quando o sequestro do embaixador foi arquitetado, o AI-5 tinha completado nove meses de vigência – o tempo de uma gestação.

Naqueles dias de 1969, Pelé caminhava, célere, para o milésimo gol – que marcaria dois meses depois, no dia 19 de novembro, no Maracanã, contra o Vasco da Gama.

Um jornal chamado *O Pasquim* chegava às bancas do Brasil pela primeira vez.

Jimmy Hendrix incendiava a plateia do Festival de Woodstock ao extrair da guitarra uma versão dissonante do hino nacional americano.

Os fanáticos do grupo de Charles Manson assassinavam a

atriz Sharon Tate, grávida de oito meses, num ritual macabro na Califórnia.

O Vietnã do Norte enterrava o líder Ho Chi Minh, morto por um ataque cardíaco.

O coronel Muammar Kadafi assumia o poder num golpe de estado na Líbia.

Os astronautas da Apolo 11 eram recebidos como heróis numa turnê mundial. (Menos de um mês depois do sequestro, Neil Armstrong, o primeiro homem a pisar na Lua, desfilou em carro aberto pelas ruas do centro do Rio de Janeiro, sob chuva de papel picado. Escapou por pouco de ter frequentado os delírios de algum guerrilheiro inspirado: "E se a gente sequestrasse Armstrong?".)

O elenco do musical *Hair* fazia os últimos ensaios para a estreia da versão brasileira.

E Fernando Gabeira apontava uma arma para o embaixador dos Estados Unidos — um gesto que, até hoje, inspira dilemas no ex-guerrilheiro.

(Aqui, a entrevista enfrenta uma primeira dificuldade. Gabeira já cansou de ser automaticamente associado ao sequestro do embaixador americano. A cada vez que o nome de Gabeira é citado numa reportagem, lá vem, inevitável, a menção ao sequestro. É como se ele tivesse sido rebatizado com um sobrenome indesejado: Elbrick.)

Gabeira Elbrick confirma o incômodo. Diz que a citação obsessiva do sequestro faz-lhe lembrar do caso do corredor Ademar Ferreira da Silva, o atleta brasileiro que trouxe para casa as medalhas de ouro de salto tríplice nas Olimpíadas de 1952 e 1956:

"Sempre que o mencionavam, abriam vírgulas para dizer que ele batera um recorde".

O sequestro do embaixador tornou-se, para Gabeira, o que o recorde olímpico significou, por toda a vida, para o atleta Ademar: uma referência obrigatória a cada vez que o nome de um ou de outro aparecia na imprensa.

Gabeira já se queixou – inutilmente, aliás – de que, até depois de morto, correrá o que chama de "risco": o de ter o nome para sempre ligado ao sequestro do Senhor Embaixador.

Pergunto a ele: já que a citação frequente ao sequestro causa-lhe um não disfarçado incômodo, o que é, então, que ele quer que os jornalistas escrevam entre vírgulas depois do nome "Fernando Gabeira"?

"Minha revolta vem do fato de ser sempre ligado, pura e simplesmente, a um acontecimento e, em consequência, ser petrificado num momento da história. Minha visão é de que nós estamos em constante mudança. Se hoje sou um deputado federal, amanhã posso não ser. A cada momento histórico, você deveria ter um 'entre vírgulas' diferente para defini-lo, a não ser que você se aposente. Quando se aposentar, você vai escolher aquilo que, no passado, o representa."

Quando, finalmente, resolve mergulhar de novo no assunto que o incomoda, Gabeira faz uma confissão: quatro décadas depois daqueles dias de setembro, ainda convive com questões irresolvidas. Ainda assim, responde a um interrogatório sobre um sequestro que, pelo menos para ele, parece que nunca terminou.

Há dúvidas no ar, fantasmas que rondam a lembrança do sequestro. E se, por uma exigência da operação, o embaixador tivesse de ser executado? Que papel o pacifista Gabeira estaria disposto a exercer, ali, no cativeiro?

Faço a pergunta sem rodeios:

Você – que chegou a apontar um revólver para o embaixador no cativeiro – teria coragem de executá-lo, se as exigências que vocês fizeram não tivessem sido cumpridas pelo regime militar? Qual teria sido o desfecho daquele momento? Você iria até onde, nesse engajamento?

"A pergunta talvez seja uma das mais difíceis da minha vida."

(A resposta de Gabeira dá uma pista sobre os motivos por que ele se sente incomodado ao ter o nome automaticamente ligado ao sequestro.)

"Os americanos argumentam que não me deixam entrar nos Estados Unidos, entre outras coisas, porque eu teria declarado que atiraria no embaixador caso fosse determinado. Declarei porque acho que se deve mostrar a todos que sequestros não são brincadeira!

É preciso que se tenha a noção de que, a cada vez que se confronta com uma situação como essa, é possível – e até provável – que um desfecho assim aconteça, caso não se negocie. Mas tenho dúvida sobre se eu realmente faria algo assim. Primeiro, porque o embaixador foi alguém com quem dialoguei.

Por coincidência, vi, ontem, que se falava de cotas raciais e de movimento negro na televisão. Ora, o embaixador foi alguém com quem troquei ideias, há quase quarenta anos, sobre o movimento negro e sobre os Panteras Negras! Perguntei o que ele achava. Para mim, o movimento dos Panteras Negras teria grande expressão. Mas o embaixador respondia: 'Nada! Isso não vai muito longe!'."

(Criado em 1966, o movimento dos Panteras Negras pedia "terra, pão, habitação, educação, vestimenta, justiça e paz"; defendia o "fim imediato da brutalidade policial e do assassinato de negros e de outras pessoas de cor" e combatia o "roubo praticado por capitalistas contra nossa comunidade negra". O movimento "black power" ganhou repercussão internacional quando dois atletas negros da delegação americana ergueram os punhos fechados no momento em que recebiam medalhas no pódio, nas Olimpíadas do México, em 1968. Os dois foram banidos dos Jogos.)

O embaixador demonstrou dignidade. Tivemos oportunidade de trocar ideias. Você passa a respeitar a pessoa. Dificilmente aconteceria aquilo *(Gabeira evita usar a palavra "execução")*. Mas nem todo mundo deve levar em conta minha situação. Quando houver um sequestro, o que todos devem fazer é considerar que se trata de algo sério."

Quando estava tomando conta do embaixador, você se lembrava de um filme em que um revolucionário mexicano dizia para um americano: "Desculpe-me, tenho de te matar para mostrar-te o quanto te quero".
Numa situação extrema como aquela, você aceitaria essa lógica sem passar por dramas de consciência

ou o engajamento era tão fervoroso que não deixaria lugar para dúvidas?

"Não! Sempre tive problemas de consciência. Eram problemas de consciência ligados, primeiro, ao fato de que sempre tive dúvidas sobre a eficácia do processo. Mas as dúvidas eram malvistas. Nem eram muito comentadas.

Tinha o hábito de comentar minhas dúvidas com um garoto que também cultivava dúvidas: José Roberto Spiegner – que morreu. (*Militante, foi morto em janeiro de 1970, aos 21 anos de idade, durante um tiroteio com agentes do* DOPS.) Falávamos de nossas dúvidas. José Roberto era irônico consigo próprio – e irônico com a situação.

A gente não tinha a grandiloquência que o comunismo e a revolução traziam. Em termos pessoais e íntimos, tínhamos dúvidas sobre aquele processo."

(Em O que é isso, companheiro?, *Gabeira escreve: "Por que os operários nos olhavam com tanta desconfiança e frieza? O que é que havia de errado em nossa propaganda contra a contenção salarial e a favor de uma organização independente de classe? Perguntas iam e vinham em minha cabeça, sem que pudesse desenvolvê-las. Tinha medo de estar vacilando (...). Pensava: aos poucos, esses panfletos serão lidos, compreendidos e multiplicados por milhares de trabalhadores. Perdemos essa manhã, mas o futuro é nosso".*)

"Quanto ao embaixador americano, eu reconhecia o que ele era, mas não tinha, em momento algum, nenhum ressentimento, nenhuma raiva. O problema de qualquer sequestro é que você sequestra um símbolo. Você traz o símbolo para casa. Mas, quando se estabelece o contato, o símbolo vira uma pessoa! Você, então, passa a desejar ardentemente que não aconteça nada de errado com ele."

Você já deu declarações em que admitia a possibilidade de executar o embaixador, se o governo não tivesse aceitado as exigências. Hoje, você diz que não executaria. Isso é um problema mal resolvido?

"É uma questão mal resolvida. Tenho dúvidas, tenho dúvidas, tenho dúvidas."

Para que lado você pende?

"Tenho dúvidas porque, à medida que o tempo passa, me distancio do que aconteceu. Diria a você, até, o seguinte: à medida que o tempo passa, gostaria de não ter tido participação nesta ação. O sequestro é uma violência fora do comum. A leitura dos relatos sobre o que aconteceu com Ingrid Betancourt nas mãos da FARC deixa cada vez mais claro como é violento e absurdo o sequestro." (*Gabeira se refere à senadora que, sequestrada por guerrilheiros das Forças Armadas Revolucionárias da Colômbia, passou seis anos no cativeiro.*)

"Um filme americano que me impressionou foi *O homem errado* (dirigido por Alfred Hitchcock em 1957). O personagem, representado por Henry Fonda, é um músico preso por equívoco enquanto estava no metrô. Vai para a prisão. Não consegue entrar em contato com a família. É o drama de alguém que, preso por engano, nem consegue dizer à mulher que não poderá chegar em casa. Fica claro o que é submeter alguém, com todos os seus vínculos familiares, a uma grande violência – que atinge também a família e os amigos. É um ato de violência injustificado. Talvez as teorias da época pudessem mascarar esse fato.

Um representante das FARC vai ao Congresso de vez em quando para vender uma revista publicada por eles. Quando o vendedor apareceu, depois do sequestro de Ingrid Betancourt, eu disse: 'Não compro a revista! Não falo com vocês! Para mim, não há absolutamente nada que justifique este sequestro!'.

Se o sequestro era problemático para mim, na época, hoje já não é. Rejeito esse tipo de ação. Rejeito em qualquer hipótese!"

Para ser bem claro: você se arrepende de ter participado do sequestro do embaixador americano?

"O arrependimento tem uma característica quase religiosa. Digo o seguinte: gostaria de não ter participado.

Os americanos até hoje não me deixam entrar nos Estados Unidos. É evidente que os americanos não foram santos no período das ditaduras na América Latina, mas a verdade é que o embaixador não tinha nada a ver com a situação. Não participava, não tinha conhecimento da tortura. Era apenas um símbolo! Mas a figura do embaixador de certa maneira negava aquele símbolo."

Pelo menos num momento você atuou diante do embaixador como jornalista, não apenas como sequestrador: você teria participado da gravação de um depoimento do embaixador americano em

> O que me comovia, ali, era que o embaixador nos pedia para ir ao banheiro! Estava reduzido a quase nenhuma liberdade.

que ele falava da situação do Brasil e reconhecia, por exemplo, a atuação da CIA no país. O que foi feito dessa fita?

"Sempre houve histórias sobre uma fita. Mas não me lembro de ter gravado. Houve conversas com o embaixador. Tive uma impressão: se houvesse gente da CIA trabalhando no Brasil – possivelmente, havia –, ele não sabia. As operações eram feitas sem que ele tivesse conhecimento. É o que me pareceu. A CIA, acho, não incluía o embaixador em suas operações. Há coisas que são feitas sem que o próprio embaixador tenha conhecimento.

Eu me lembro de que nos papéis do embaixador havia uma anotação que tratava de um ex-ministro das Minas e Energia. O embaixador falava português mal. Ainda não estava bem situado no Brasil.

O embaixador falou sobre a admiração que ele tinha pelo enfoque de Dom Hélder Câmara. *(Arcebispo de Olinda e Recife, Dom Hélder era um dos principais críticos do regime militar. Durante o período da censura, a imprensa não podia publicar notícias sobre ele.)* Eu me lembro de que o embaixador fez referências simpáticas e positivas sobre o trabalho que Dom Hélder Câmara realizava."

Que lembrança mais forte você guardou do cativeiro? O embaixador era melhor do que você esperava ou pior?

"O que me comovia, ali, é que o embaixador nos pedia para ir ao banheiro! Estava reduzido a quase nenhuma liberdade, porque, até para ir ao banheiro, tinha que pedir.

Tínhamos de levá-lo. Durante as discussões, no entanto, ele demonstrava firmeza em suas posições, o que não é comum em alguém que tenha sido sequestrado.

De uma maneira geral, o sequestrado procura se aproximar da posição do sequestrador o máximo possível. Mas o embaixador, em nossas discussões, preferiu manter uma visão crítica sobre o que eu dizia. Quando, ao me referir aos Panteras Negras, eu falava sobre a possibilidade de uma alteração revolucionária nos Estados Unidos, o embaixador respondia que essa ideia era uma bobagem, não existia. Ou seja: o embaixador manteve uma firmeza e uma dignidade grandes em relação às suas ideias. A sensação que ele me transmitiu, durante todo o tempo, foi esta.

Falamos sobre o Brasil, também. Mas, ali, aproveitei a oportunidade para falar com o embaixador sobre os Estados Unidos. Eu já falava inglês. Tinha lido autores americanos importantes e estudado na Associação Cultural Brasil-Estados Unidos. Já tinha, portanto, uma visão do país. Mas o que me parecia interessante nos Estados Unidos, o que se movia naquele tempo, era o movimento negro e os Black Panters, os Panteras Negras."

(Charles Burke Elbrick tinha menos de dois meses de Brasil quando foi sequestrado. Assumira a embaixada no dia 14 de julho de 1969, aos 61 anos de idade. Tinha sido embaixador dos Estados Unidos em Portugal sob o ditadura salazarista e na Iugoslávia dominada pelo marechal Tito. Exatamente oito meses depois do sequestro, deixou o Brasil para trabalhar no Departamento de Estado em Washington. Pronunciou uma frase bem-humorada ao falar sobre o

turbilhão: "Ser embaixador nem sempre é um mar de rosas". Quando morreu, no dia 15 de abril de 1983, em Washington, aos 75 anos de idade, estava aposentado.)

O embaixador tinha também uma visão crítica sobre a situação do Brasil?

"Tinha uma visão crítica, mas não tinha conhecimento sobre o que acontecia. Creio que o embaixador genuinamente desconhecia a existência de tortura nas cadeias do Brasil. Não tinha esses dados. Ficou surpreendido ao saber que seria trocado por presos que estavam na cadeia sofrendo torturas."

Qual foi o momento mais perigoso nesse período de convivência com o embaixador?

"Houve momentos em que senti o perigo. Um dos momentos mais difíceis foi quando bateram na porta. Eram dois oficiais. Como eu era, formalmente, o dono da casa, fui até a porta para atender. Ficaram todos com a metralhadora ali na sala, escondidos, para não serem vistos, enquanto eu dialogava com os oficiais, na porta. Perguntaram por uma pessoa que não existia. O embaixador estava lá em cima, num quarto. Aquele foi um momento difícil, não pelo diálogo em si, porque eu apenas disse 'não, não mora aqui, os senhores estão enganados...'. Quando a porta foi fechada, o chefe da ação me disse: 'Veja se segue os dois para saber o que é'.

Eram oficiais que estavam rondando o local. Vigiavam uma casa que, para eles, parecia suspeita – justamente aquela em que estávamos. Desci um pouco a rua, para segui-los.

Cheguei a ouvir o que eles falavam. Davam a impressão de que estavam se comunicando em códigos e localizando as posições. Tive a certeza de que eram oficiais das Forças Armadas – que tinham localizado algo estranho. Começou a se formar, então, um cerco em torno da casa. Os oficiais sabiam que algo estava acontecendo ali, mas não tinham a certeza, ainda.

Não sabiam quem eu era. Podiam não ter certeza, mas, sem dúvida, consideraram o lugar suspeito, ali em Santa Teresa, na descida da Barão de Petrópolis."

Os chamados "órgãos de segurança" em algum momento localizaram o ponto exato onde o embaixador estava, mas não fizeram nenhuma intervenção, provavelmente para não pôr em risco a vida do sequestrado?

"Exatamente. É possível que eles mantivessem outros lugares sob observação. O momento mais dramático foi na saída do embaixador: todo mundo de metralhadora, mas não houve um confronto com agentes. O carro que levava o embaixador se juntou à multidão perto do Maracanã. Era dia de jogo. O momento foi escolhido também porque dava margem a que todos escapassem com maior facilidade.

O domingo não é dia de grande movimento. Era necessário, então, ir para um lugar de grande movimento, como as proximidades do Maracanã em dia de jogo, porque, em meio a uma multidão, a possibilidade de fuga seria maior. Quando chegasse o momento de abandonar o carro e sair, já haveria uma proteção pelo fato de haver, ao redor, carros e torcedores vindos do estádio."

(A torcida que saíra do Maracanã não tinha motivo algum para fazer festa. O Fluminense de Samarone, Cafuringa, Flávio e Lula levou um baile do Cruzeiro de Tostão, Piazza e Dirceu Lopes: 3 a 0. Tostão fez dois gols no primeiro tempo. Dirceu Lopes fechou o placar.

O embaixador foi transportado até o largo da Segunda-Feira, na Tijuca, com os olhos vendados. Em meio ao intenso movimento provocado pelo término do jogo no Maracanã, os sequestradores se dispersam rapidamente. Elbrick pega um táxi para voltar para casa, na rua São Clemente, em Botafogo.

A aventura durou quatro dias: da quinta-feira, 4 de setembro, ao domingo, 7 de setembro de 1969. Elbrick passou 77 horas e 55 minutos no cativeiro. Terminada a operação, os sequestradores oferecem um brinde ao embaixador: um livro de poemas do líder vietnamita Ho Chi Min, em inglês.

Além de Fernando Gabeira, participaram do sequestro de Charles Elbrick os guerrilheiros Franklin Martins, Manoel Cyrillo de Oliveira Netto, Cid Queiroz Benjamin, Sérgio Rubens de Araújo Torres, Vera Sílvia Araújo de Magalhães, João Lopes Salgado, Paulo de Tarso, Virgílio Gomes da Silva, Joaquim Câmara Ferreira, José Sebastião Rios de Moura e Cláudio Torres da Silva.

Libertado, o embaixador declararia que os sequestradores eram "inteligentes mas fanáticos: culpam os Estados Unidos por muitos dos problemas que atingem o Brasil. Trata-se de um preconceito que consiste em atribuir aos outros a culpa das próprias falhas", segundo registram os jornais do dia 10 de setembro:

"Não concordaram comigo. Disseram que, na realidade, qualquer outra atividade política neste país fracassaria. Por essa razão, tinham de apelar para a violência. Claro que não concordei com eles. Não disseram nada de simpático aos Estados Unidos. Isso não tem nada a ver comigo pessoalmente, mas a atitude não era amistosa com os Estados Unidos".)

Você já declarou que, no caso do sequestro do embaixador, foi apenas "uma peça dentro da engrenagem", porque "havia gente mais importante, mais capaz e mais interessante do que eu na ação". Há uma controvérsia sobre qual o papel que coube a cada um na operação. Você, com seus relatos, subestimou a participação de Franklin Martins no sequestro? Isso teria causado um estremecimento entre vocês? Afinal, há uma disputa por "direitos autorais" em relação ao que aconteceu?

"Sempre disse que o meu papel foi secundário. Em um filme que foi feito sobre o sequestro, chamado *Hércules 56*, parece que meu nome nem sequer é citado. Não fui mencionado. Quando uma jornalista me ligou, eu disse: 'Que bom que não participei!'. Não tenho essa pretensão. O diretor disse que não me mencionou porque eu fui um 'soldado raso'. Agora, o autor do filme foi também elevado ao posto de diretor de cinema do governo..."

(Realizado por Sílvio Da-Rin – que assumiu em 2007 o comando da Secretaria do Audiovisual do Ministério da Cultura –, o documentário Hércules 56 traz depoimentos de ex-guerrilheiros que *participaram do sequestro do embaixador americano e de presos políticos que foram libertados na operação. A produção do filme promoveu, no Rio de Janeiro, uma reunião dos ex-guerrilheiros Franklin Martins, Daniel Aarão Reis Filho, Cláudio Torres da Silva, Manoel Cyrillo de Oliveira Netto e Paulo de Tarso Venceslau. Gabeira não participou da mesa-redonda.O filme se chama* Hércules 56 *porque este era o tipo de avião que transportou para o México os presos que foram banidos do país em troca da libertação do embaixador.)*

"Nunca tive a intenção de subestimar nem o papel do Franklin Martins nem o papel dos outros. Mas Franklin ficou meu inimigo. Nunca falou comigo. Nunca tivemos nenhum contato. Deixou de falar comigo porque acha que, em meus relatos, fui desonesto por ter subestimado a inteligência e a seriedade dos participantes. Ora, sou crítico em relação a mim mesmo! Em momento nenhum do livro *O que é isso, companheiro?* procurei dar mais seriedade ao que fiz. Pelo contrário: narrei coisas ridículas e equivocadas que cometi.

O que cria essa divergência é toda uma visão de mundo, é toda uma visão do passado, uma apreciação do que aconteceu feita também em função de como se vê o mundo hoje

Há os que consideram que aquilo foi 'muito importante'. Julgam que tiveram um papel que, por ter sido 'importante na história', deve ser respeitado e cultuado. Não foi tão importante assim! Aquele foi um período da história marcado por um grande equívoco. Acontece que, para reavaliar radicalmente o passado, você precisa estar com os pés no chão!

O problema é que cada um tem um relato. Embora eu tenha sido um soldado raso, tenho o meu relato, também! Pode-se ter, numa corte, o relato de uma empregada contando o que se passou. Podem gostar mais do relato de uma empregada."

Uma grande divergência era sobre quem escreveu o famoso manifesto divulgado pelos sequestradores. Já vi depoimentos de gente que dizia: "Quando li, sabia que aquilo era de Gabeira"...

"É um equívoco, um equívoco! O manifesto foi escrito por Franklin. Fiz pequenos acréscimos. Sempre esta história volta como se eu tivesse roubado a autoria. Ora, sou autor do livro mas não sou autor do manifesto!"

Corta.
Brasília,
2009.

Palácio do Planalto.
A câmera do filme que nunca foi feito enquadra agora o ex-líder estudantil Franklin Martins.
A ideia de sequestrar o embaixador surgiu, por ironia, numa rua chamada Voluntários da Pátria...

Filho do senador oposicionista Mário Martins – que viria a ser punido pelo regime militar com a pena de cassação do mandato, em fevereiro de 1969 –, Franklin Martins fazia política estudantil. Ocupara o posto de vice-presidente da União Metropolitana dos Estudantes, no Rio de Janeiro, no mandato de Vladimir Palmeira.

Os dois – Franklin e Vladimir – estavam entre os estudantes presos pela polícia no congresso da União Nacional dos Estudantes em Ibiúna, São Paulo. Franklin foi solto na véspera da decretação do Ato Institucional número 5. Vladimir continuava preso. O que fazer para tirar o companheiro da cadeia? A ideia do sequestro do embaixador nasceu assim.

A primeira página do *Jornal do Brasil* de 13 de setembro de 1969 – seis dias depois do desfecho do sequestro – reproduzia um informe da Marinha:

"Franklin Martins, antigo líder estudantil, é apontado como idealizador do sequestro, porque queria fazer 'algo de sensacional' na Semana da Pátria, segundo a Marinha".

O Globo publicava a nota do "serviço de relações públicas do Ministério da Marinha":

"A ideia do sequestro partiu de Franklin Martins".

Os arapongas da Marinha estavam certos. Franklin Martins era o pai da criança.

Depois de fazer carreira como repórter e comentarista político, Franklin assumiria, em 2007, o posto de ministro-chefe da Secretaria de Comunicação da Presidência da República.

Confirma que foi idealizador do uso do sequestro como arma contra o regime militar.

Começa a gravação:

"Os planos para libertar Vladimir eram absolutamente irrealizáveis e militarmente complicados, porque envolviam riscos monumentais. Quando ele fosse transportado para a auditoria, se faria uma ação no caminho. A ideia não chegou a prosperar, porque logo se percebeu que a margem de risco era muito grande. Dificilmente seria uma ação sem baixas dos dois lados. O próprio Vladimir ficaria em risco.

Quando já se estava abandonando esta ideia, eu e Cid Benjamin um dia passamos de carro por Botafogo. Chegamos a uma rua chamada Marques. Disse a Cid: 'Já morei aqui...'. Sempre fomos amigos, desde os tempos de secundarista. Fizemos judô juntos, militamos juntos. Neste momento, Cid me disse: 'Quem passa sempre por essa rua é o embaixador americano...'. A embaixada ficava ali perto.

A conversa era trivial. Continuamos a viagem de carro. Pegamos a rua Voluntários da Pátria. Quando descíamos a Voluntários, me veio a ideia: 'Por que é que a gente não captura o embaixador e troca por Vladimir e por outros presos? É melhor do que a maluquice de tentar tirar Vladimir da prisão de outro jeito!'."

Usar um embaixador para libertar presos era algo que não tinha sido feito até então. Por que foi feito?

"A ideia me veio assim. O que nós tínhamos era a ideia de tirar Vladimir da prisão. Mas tirá-lo com uma ação militar que envolvia altíssimo risco, tanto para o próprio Vladimir quanto para os guardas que o estariam custodiando. Perguntei: 'Por que não fazer uma ação que vai ser mais limpa do ponto de vista militar, mais tranquila e mais simples? Prendemos outra pessoa e trocamos!'.

O primeiro nome que nos preocupava era o de Vladimir. A primeira ideia era esta. A partir daí, quando se discutiu esta ideia, se viu que seria uma ação de envergadura política muito grande. Não precisava se limitar, então, a trocar o embaixador por apenas um prisioneiro. Inicialmente, pensou-se em dez presos políticos.

Quando foi feito o levantamento, viu-se que, do ponto de vista militar, a ação era muito simples: o embaixador americano se deslocava sem escolta e sem segurança!

Tinha apenas um motorista. O carro nem era blindado. Era um daqueles carros hidramáticos grandes – um Cadillac. Os hábitos do embaixador eram razoavelmente regulares. A captura propriamente dita era, portanto, uma ação simples. Daria para fazer com dez, doze pessoas, com razoável tranquilidade, sem grandes riscos nem para o embaixador nem para ninguém."

Você, afinal de contas, escreveu o manifesto?

"Coisas assim são sempre coletivas. Escrevi a base do texto. Discutimos dentro da direção da Dissidência – que viria a se chamar MR-8. *(A Dissidência da Guanabara, conhecida como DI, tinha se originado no Partido Comunista Brasileiro. Depois, a Dissidência adotou o nome de um grupo que tinha sido desarticulado pelo regime militar, o Movimento Revolucionário Oito de Outubro, o MR-8, assim batizado porque esta foi a data da morte do guerrilheiro Che Guevara.)*

Depois de aprovado o texto do manifesto, levei-o para Toledo, representante da ALN. *("Toledo" era o nome de guerra de Joaquim Câmara Ferreira, um dos líderes da Ação Libertadora Nacional, organização comandada por Carlos Marighella.)* Aprovou, mas fez uma sugestão: era preciso incluir uma advertência aos torturadores. A advertência foi acrescentada ao final: que os torturadores ficassem com as 'barbas de molho', porque, a partir dali, seria 'olho por olho, dente por dente'. Toledo disse que o manifesto precisava ter uma passagem dura para os torturadores. Eu escrevi o 'olho por olho, dente por dente'. É possível que outras pessoas que estavam na casa tenham contribuído. Porque o manifesto tinha sido discutido antes do sequestro. Nunca fiquei dizendo quem escreveu porque acho que é um detalhe absolutamente irrelevante. A ação é coletiva, porque todos estavam ali."

(Um trecho do manifesto:
"Com o rapto do embaixador, queremos mostrar que é possível vencer a ditadura e a exploração, se nos armarmos e nos organizarmos. Apareceremos onde o inimigo menos nos espera e desapareceremos em seguida (...) A vida e a morte do senhor embaixador estão nas mãos da ditadura. Se ela atender a duas exigências, o senhor Burke Elbrick será libertado. Caso contrário, seremos obrigados a cumprir a justiça revolucionária. Nossas duas exigências: a) A libertação de quinze prisioneiros políticos. São quinze revolucionários entre os milhares que sofrem as torturas nas prisões-quartéis de todo o país (...) b) A publicação e leitura desta mensagem, na íntegra, nos principais jornais, rádios e televi-

sões de todo o país. (...) Finalmente, queremos advertir aqueles que torturam, espancam e matam nossos companheiros: não vamos aceitar a continuação dessa prática odiosa. Estamos dando o último aviso. Quem prosseguir torturando, espancando e matando ponha as barbas de molho. Agora, é olho por olho, dente por dente.")

O que Fraklin Martins não esperava era que o texto do manifesto fosse merecer uma "crítica" assinada por um gênio da crônica: Nelson Rodrigues.

Apenas três dias depois do desfecho do sequestro, Nelson Rodrigues escreveu, no jornal *O Globo*, uma crônica em que, além de criticar o manifesto, faz uma promessa que não viria a cumprir. Melodramático, disse que, se encontrasse tempo, iria escrever uma peça de teatro em que sequestradores simplesmente atacavam um berçário com cinquenta recém-nascidos:

"Notem como há, no manifesto dos extremistas, um narcisismo indisfarçável. Redigiram um documento para o Brasil e para o mundo. Fazem questão de reivindicar a autoria de não sei quantas atrocidades. (...) Não sei se será justo chamar os nossos terroristas de 'brasileiros'. Eis a verdade: o brasileiro é muito mais suicida do que homicida. Sempre nos faltou a vocação do crime político (...). Os terroristas são brasileiros. Mas é fácil perceber no episódio do sequestro (tão antibrasileiro, tão anti-Brasil) vários sotaques. Os rapazes que o executaram são brasileiros, sim, mas amestrados lá fora. Comandados por sotaques diversos, eles estão dispostos – e o dizem – a matar sempre e cada vez mais. Logo que encontrar uma brecha de tempo, farei uma peça política. É justamente uma história de terrorismo, passada no Brasil. Imaginem que um grupo de rapazes, socialistas radicais, ocupam um berçário. Entram lá de metralhadora, expulsam as freiras e lançam um 'ultimatum' à nação. Das duas, uma: ou a nação lhes daria o poder ou eles fazem, ali, uma carnificina com os recém-nascidos. O governo tem um prazo de 24 horas. Durante dez, quinze, vinte horas, as autoridades não sabem o que pensar, o que dizer. São cinquenta criancinhas. O país para. Mas ninguém acredita que homens, nascidos de mãe, cumpram a ameaça. A resposta aos extremistas é 'não'. Cada recém-nascido foi enforcado na própria fraldinha."

Qual foi o peso que a cassação do senador Mário Martins teve sobre você, no momento em que você decidiu partir na luta armada?

"Nenhum. Eu já militava antes. Tinha minha atividade política como dirigente estudantil. A cassação do meu pai – como o AI-5 de um modo geral – significou, para mim e para tantos outros, que já não havia como ter uma atividade política aberta no país. A conclusão a que se chegou foi esta: a ditadura chegou pela força. Por mais que se façam manifestações pacíficas, ela não sairá desse jeito. Se entrou pela força, vai ter de sair pela força.

Quando a ação militar de captura terminou, não fui diretamente para a casa onde o embaixador ficaria. O embaixador entrou na casa dentro da Kombi para onde tinha sido transferido. Fui até a casa no chamado 'carro da segurança' mas, neste primeiro momento, não entrei, porque precisava 'cobrir alguns pontos', informar que tudo tinha dado certo. Voltei para casa em torno de cinco e meia, seis horas da tarde.

Fui – de capuz – até o quarto onde o embaixador estava, no segundo andar da casa. Além de não falar português fluentemente, o embaixador estava muito nervoso, muito tenso. Estava havendo um interrogatório – de forma absolutamente civilizada. Faziam perguntas, ele respondia. O interrogatório foi o momento mais tenso. Não tinha nenhum gravador lá. Quem – quase por todo o tempo – conversou com o embaixador fui eu e foi Gabeira, porque falávamos inglês. Não é que os outros não tenham conversado. Todos davam guarda. Mas o português do embaixador não era fluente.

Havia, na pasta do embaixador, relatórios sobre personalidades brasileiras. Eram relatórios iguais aos que os chefes de embaixada recebem sobre o país onde servem. Falavam de figuras como Hélio Beltrão – que tinha sido ministro. Era um trabalho de inteligência feito com base na imprensa. Não tinha grandes informações.

O embaixador era o que, nos Estados Unidos, se chama de um liberal. Como tinha chegado ao Brasil há pouco tempo, tinha uma informação difusa e fragmentada sobre o país. Ficou impressionado com o relato que fizemos sobre a existência de tortura. Viu que era verdade. Aos poucos, o embaixador foi entendendo o que é que havia por trás da ação. É claro que o embaixador torcia para que tudo desse certo, por razões de interesse pessoal. Mas também passou a torcer para a ação dar certo porque terminou estabelecendo um tipo de identidade com a gente.

Discutimos a Guerra do Vietnã com ele. O embaixador, típico liberal americano, mostrou que tinha uma posição crítica em relação à Guerra do Vietnã. Era uma época em que os Estados Unidos viviam uma ebulição interna, com as manifestações, os Panteras Negras, as lutas pelos direitos civis. Havia uma crise do modelo americano. A contestação era forte. O embaixador era sensível a toda esta situação. Tinha filha da nossa idade."

Você já escreveu que a morte de Carlos Marighella foi a "resposta espetacular do governo ao sequestro do embaixador americano". Feitas as contas, o sequestro produziu mais "perdas e danos" do que ganhos? Quanto tempo depois do sequestro você chegou à visão crítica que cultiva hoje?

"Chegar a uma visão crítica dentro da cadeia, por exemplo, é praticamente impossível. O motivo: se, dentro da cadeia, você chega à conclusão de que todo o movimento estava historicamente equivocado, as condições morais e psicológicas de sobrevivência ficam difíceis.

Nessas circunstâncias, é necessário que você continue acreditando no que fez! É uma atitude que vale, inclusive, durante o período mais sofrido do exílio. Mas a História avança. Você começa, então, a se sentir confortável na hora de assumir uma posição ou outra.

Você se sente mais livre para pensar. É uma preocupação que começou no exílio. Ao final do exílio, ela já era bastante clara para mim. Tanto é que as mudanças foram grandes: já no exílio, eu tinha tido um interesse maior por ecologia e pela luta de minorias. Estava buscando um caminho. É como se, num momento, dissesse: 'Vou voltar ao Brasil, ser o mesmo jornalista que era, me integrar ao sistema e declarar: "Eu estava equivocado. O capitalismo é o caminho"'.

Hoje, continuo achando que o capitalismo é o caminho insubstituível no momento. Talvez seja por muitos e muitos anos. Se for substituído, terá de ser por algo muito mais avançado – não pelas propostas toscas que existiam.

Somente no exílio é que foi possível começar todo este processo. É um processo que não resultou numa apologia do capitalismo, mas, sim, na criação de um espaço crítico que busca a melhoria da sociedade, sem necessariamente se integrar à visão marxista."

O sequestro foi notícia de primeira página no *New York Times*. Chegou ao gabinete do presidente dos Estados Unidos. Num primeiro momento, o grupo de vocês teve a sensação de estar influenciando o rumo dos acontecimentos? Houve uma sensação de triunfalismo?

"Havia triunfalismo com o feito. Mas, para dizer a verdade, existia uma grande limitação: não havia, no grupo, a dimensão da política internacional, a não ser os traços mais rudimentares de classificações do marxismo sobre, por exemplo, o imperialismo.

O triunfo maior e a sensação maior foram dados pelo fato de a ditadura militar ter sido obrigada a ler o manifesto nas TVs e nos rádios. A primeira vitória sensível foi esta: a divulgação do manifesto. Mas os americanos, por exemplo, só nos interessavam na medida em que pudessem acossar a ditadura militar brasileira."

(Quinze presos foram mandados para fora do Brasil em troca da libertação do embaixador americano: Luís Travassos – o ex-presidente da União Nacional dos Estudantes que viria a morrer num acidente de carro no Aterro do Flamengo, no Rio de Janeiro, numa Quarta-Feira de Cinzas, menos de três anos depois de voltar

ao país –, Vladimir Palmeira, José Dirceu, Flávio Tavares, Gregório Bezerra, José Ibrahim, Ricardo Zarattini, Ricardo Vilas, Mário Zanconato, Agonalto Pacheco, Maria Augusta Carneiro Ribeiro, Ivens Marchetti, João Leonardo da Silva Rocha, Onofre Pinto, Rolando Frati.)

Vocês não estavam preocupados com o fato de Richard Nixon ter perdido a paciência naquele dia?

"Não. Nós estávamos preocupados com tudo o que os americanos pudessem fazer para libertar o embaixador, mas eles não eram o centro das atenções. A política brasileira, aliás, sempre foi provinciana. O fato de termos entrado, ali, na guerra fria, pode ter nos dado uma dimensão internacional. Ainda assim, representávamos apenas os aspectos mais grosseiros da questão."

Numa entrevista gravada para a TV Globo, em 1980, Paulo Francis, que sempre se ocupou em avaliar o que foi 1964 para o Brasil, disse o seguinte: "Graham Greene, o romancista inglês, diz que 'a inocência é uma forma de insanidade'. É uma frase muito profunda. Você pensar que um grupo de garotos armados com metralhadora iria enfrentar o Exército brasileiro, precisamente numa época em que o sistema de 64 tinha o maior apoio público, num instante de grande desenvolvimento do governo Médici, em que o Brasil começava a crescer a 10% ao ano, é ser totalmente

cego à realidade brasileira. Por causa do senhor Gabeira e de outros como ele, os duros dentro das Forças Armadas e dos meios policiais, os repressivos, conseguiram fechar e censurar todas as liberdades democráticas no Brasil. Todos nós sofremos pelas bem-intencionadas brincadeiras do senhor Gabeira e semelhantes".

Como é que você se defende da acusação de ter provocado com gestos ingênuos uma relação militar que atrasou por anos uma abertura política?

"É muito difícil me defender, porque concordo parcialmente com a crítica. Não acho, no entanto, que esta fosse a única justificativa que os militares tinham para endurecer o regime. Eram capazes de produzir outras justificativas, mas utilizaram aquela para manter o país fechado.

A circunstância de os militares terem utilizado tal justificativa terminou, também, inibindo formas de luta pacíficas que poderiam ter apressado a democratização. Os atos que a gente comete são cheios de significados. O fato de eu interiorizar a crítica talvez marque uma diferença grande entre mim e outros que participaram do movimento."

Você disse que, durante anos e anos, toda vez que se lembrava do sequestro do embaixador você se recordava automaticamente de uma cena: quando comunicou ao presidente Richard Nixon que o embaixador dos Estados Unidos no Brasil tinha sido sequestrado, o então secretário de Estado William Rogers teria ouvido do presidente a seguinte pergunta: "Que merda é essa, Rogers?". Quando revê o que significou o sequestro, você faz a si mesmo esta pergunta?

(Quando recebeu a notícia do sequestro, o presidente Richard Nixon não estava na Casa Branca: descansava na casa que tinha comprado em Cotton's Point, no sul da Califórnia. Quem deu ao presidente a notícia sobre o sequestro foi o então assessor de segurança nacional Henry Kissinger. Coube ao secretário de Estado William Rogers transmitir à embaixada brasileira a expectativa do governo americano: "todos os esforços" deveriam ser feitos para que o embaixador americano saísse vivo do sequestro.)

"Hoje, digo de uma forma sincera: 'Que equívoco é esse?'. Já não há uma surpresa como a que Nixon teve, na época, diante do acontecimento. O que tenho é uma compreensão detalhada dentro de uma perspectiva histórica sobre o que aconteceu: digo que foi um equívoco. Toda a luta armada foi um equívoco!

Dentro da luta armada, atos de violência contra indivíduos foram um grande equívoco também. Há atos da luta armada como pegar dinheiro, por exemplo. Mas a violência cometida contra quem poderia até simbolizar algo, mas não estava diretamente na linha de combate, me parece um grande equívoco.

Depois de ler relatos de Ingrid Betancourt, eu, que participei do comitê para libertá-la, digo: hoje, vejo o sequestro com os olhos da Ingrid Betancourt."

O sequestro do embaixador foi um sucesso militar – porque não houve baixas de nenhum dos dois lados – e um sucesso político, porque vocês conseguiram o que queriam: a leitura do manifesto contra o regime militar e a libertação dos presos. Já se sabe quais são suas posições, hoje, sobre o sequestro. Mas você reconhece o sucesso do sequestro do embaixador como operação, naquele momento? A partir de que momento você passou a ter a visão crítica?

"Quanto ao sucesso: você pode fazer um crime e ser bem-sucedido, se você mata. O sequestro foi bem-sucedido na medida em que o sequestrado foi sequestrado. Podia não ter sido bem-sucedido, porque o carro do embaixador português passou logo antes. Quase erramos de carro.

Há algo que todo escritor faz: é se colocar no lugar do outro. É impossível não se colocar no lugar do outro quando se tenta entender um acontecimento. Comecei a pensar na situação a partir daquele filme que vi, sobre o músico que é preso por engano.

Passei a pensar – de fato – sobre a angústia de quem é sequestrado e dos que o estavam esperando. Ao longo do tempo, cheguei à conclusão de que o ato era algo muito violento com o sequestrado e com os que eram ligados a ele, ainda que o sequestrado seja símbolo de um poder. Expressei este sentimento à filha do embaixador.

Passei para o outro lado: você tem de estar com a vítima do sequestro, não com os sequestradores! É a visão já amadurecida do processo. Mas, naquele momento, via-se como sucesso."

Pausa para uma revelação

sobre os bastidores do sequestro. O guerrilheiro que veio de São Paulo planeja outra ação espetacular: tomar uma emissora de rádio para divulgar um comunicado sobre o que o embaixador americano tinha
dito no cativeiro.

Ao contrário do que se imaginava, o sequestro não deveria se encerrar com a libertação do embaixador. Não satisfeito, um dos cabeças do sequestro planejara outra ação espetacular – que deveria ser executada depois que o embaixador fosse solto.

O plano: guerrilheiros ligados à Ação Libertadora Nacional (ALN) iriam tomar uma emissora de rádio para divulgar um manifesto que denunciava a ingerência americana em assuntos internos do Brasil.

O manifesto seria escrito a partir dos papéis que o embaixador conduzia numa pasta no momento em que foi sequestrado: relatórios que analisavam a atuação de personalidades públicas brasileiras.

A ALN já tinha know-how em matéria de ocupação de emissoras de rádio: apenas três semanas antes do sequestro do embaixador, um comando da ALN ocupara a torre de transmissão da Rádio Nacional de São Paulo, localizada em Diadema. Tempos depois, a Rádio Nacional seria rebatizada como Rádio Globo.

O técnico de plantão foi obrigado a levar ao ar a gravação de um manifesto explosivo: Carlos Marighella, o líder da ALN, anunciava que, ainda naquele ano, a guerrilha chegaria ao campo. As ações urbanas seriam intensificadas: "Devemos aumentar gradualmente os distúrbios provocados pela guerrilha urbana, numa sequência interminável de ações imprevisíveis, de tal modo que as tropas do governo não possam deixar a área urbana sem o risco de deixar as cidades desguarnecidas".

Se a operação na rádio em São Paulo tinha dado certo, por que não repetir a façanha depois do desfecho do sequestro do embaixador? – era o que se perguntava Manoel Cyrillo, guerrilheiro da ALN, com a autoridade de quem tinha tido participação decisiva nas duas operações.

Mas nem tudo iria sair como planejado.

Cyrillo foi um dos guerrilheiros que ocuparam a torre de transmissão para transmitir as palavras de ordem de Marighella.

Logo depois, viajara de carro para o Rio de Janeiro, para a Operação Sequestro. O comando da Ação Libertadora Nacional, em São Paulo, tinha decidido enviar para o Rio quatro pesos pesados para participar diretamente da operação de captura do embaixador americano: Joaquim Câmara Ferreira, Virgílio Gomes de Sá, Paulo de Tarso Venceslau e Manoel Cyrillo.

2009. Procuro Manoel Cyrillo no Rio de Janeiro. Desconfiado no primeiro contato, prefere não adiantar informações por telefone. Termina marcando um encontro num restaurante do Leme. Chega com "pontualidade britânica": oito da noite. Quer trocar ideias antes de gravar uma entrevista. A cautela se explica num homem que passou dez anos na cadeia – entre 1969 e 1979.

Ao final do primeiro encontro, ocorre uma coincidência que, se fizesse parte de um roteiro de filme, seria certamente descartada por parecer inverossímil. Mas aconteceu.

Durante nossa conversa pré-entrevista, Cyrillo, obviamente, citou Carlos Marighella, o "dirigente máximo" da Ação Nacional Libertadora que advogava a luta armada contra o regime militar.

Quando saíamos do restaurante, Cyrillo aponta para uma mulher baixinha e grisalha que fala, animada, numa mesa, em outra extremidade do salão. Era Clara Charf, a viúva de Carlos Marighella. Estava de passagem pelo Rio de Janeiro. Nem de longe parece ter 83 anos.

– Nós estávamos aqui lembrando das coisas... – diz, diante de um casal que a acompanhava na mesa.

Incrivelmente, em duas mesas separadas num restaurante do Leme, numa noite de verão de 2009, falava-se de Carlos Marighella.

A entrevista com Cyrillo foi marcada para dali a duas semanas.

Quando chegou o Dia D do sequestro do embaixador americano, coube a Cyrillo um dos papéis mais arriscados e tensos: depois que o carro oficial da embaixada fosse interceptado, ele teria de abrir a porta traseira esquerda para, literalmente, capturar o embaixador. Virgílio Gomes da Silva, o "Jonas", "comandante" da operação, entraria pela porta direita.

Elbrick reagiu. Cyrillo foi o autor da coronhada que, na hora da captura, feriu a testa do embaixador:

"Dei uma coronhada no embaixador. Mas, se nós não estivéssemos lá, talvez o embaixador saísse da ação não com um band-aid na testa, mas com um tiro na têmpora, morto. Num primeiro momento, o embaixador entrou em desespero. Tentou reagir. Não dá para saber o que ele estava tentando fazer, coitado. Nós estávamos num lugar ermo.

O embaixador era, ali, a primeira autoridade dos tempos modernos a ser sequestrada! Não tinha parâmetros nem referências sobre o que é que poderia estar acontecendo com ele naquele momento. Pelo contrário.

Um ano antes, o embaixador americano na Guatemala tinha sido morto. A reação do embaixador Elbrick mostrou que ele poderia estar pensando que iria ser a próxima vítima. Jamais poderia supor o que é que estava acontecendo. Tentou, desesperadamente, reagir. Terminou se engalfinhando com Virgílio. Ficou segurando a mão que Virgílio usava para empunhar a arma. Era uma situação de perigo extremo! Um tiro poderia acontecer a qualquer momento em qualquer direção. Qualquer um de nós poderia ser a vítima.

Neste instante, achei melhor dar a coronhada, para ver se ele 'caía na real', se ele percebia que estava subjugado. Não pensei em atirar no embaixador. De jeito nenhum! O que pensei, na verdade, foi o seguinte: um amigo meu, estudante de medicina, vivia brincando com algo que ele chamava de 'trapezioterapia'. Nem sei se é algo científico ou não. Era um tratamento de choque para mulheres histéricas: agarrar com força o músculo trapézio, perto do pescoço, para imobilizá-las. A mulher, então, se aquietava. Ali, no instante da captura, eu me lembrei da 'trapezioterapia'! Nem passou pela minha cabeça – pelo amor de Deus – a ideia de atirar. Porque um tiro, ali, poria tudo a perder. O que eu precisava fazer era imobilizar uma pessoa histérica.

Diante das circunstâncias, o embaixador estava com sintomas de histeria. Devo dizer que, depois, na casa para onde foi levado, o embaixador foi fantástico, um cidadão incrível, um democrata honestíssimo. Era um democrata americano legítimo. Chegou a pedir desculpas a mim, pela reação que ele teve. É inacreditável!

Como democrata e liberal, ele não entendia, por exemplo, por que é que o vice-presidente Pedro Aleixo não tinha assumido a Presidência da República quando Costa e Silva ficou doente. Quem tinha assumido o poder era a Junta Militar. O embaixador nos disse que, dias antes da ação, participara de uma recepção em que estava o ministro das Relações Exteriores, Magalhães Pinto. Fez esta pergunta ao ministro: 'Por que não Pedro Aleixo?'. Estava chocadíssimo.

Ficou impressionado com a nossa juventude e com as informações que adquiriu, ali, sobre o Brasil, sobre as lutas e sobre a resistência. Todos os preconceitos que ele deveria ter começaram a desmoronar. O embaixador começou a ver um outro tipo de gente. Fazíamos, a ele, relatos sobre casos de tortura e sobre o caráter do regime."

Por um triz, os sequestradores escaparam de pegar o embaixador errado. Minutos antes da passagem do carro do embaixador americano, eis que surge na rua o carro do embaixador português. Se um dos guerrilheiros que faziam a campana não tivesse notado a pequena bandeira de Portugal que tremulava na extremidade do capô do carro oficial, o embaixador português iria pagar o pato:

"O que houve foi uma pequena confusão. Ambos os embaixadores moravam na região de Botafogo. Tinham o mesmo tipo de carro. Por sorte, lá na frente do carro, fica a bandeirinha do país. O carro do embaixador de Portugal ainda estava tão longe que o nosso companheiro encarregado de vigiar a aproximação do carro do embaixador americano não podia distinguir a bandeira. O que ele viu foi um Cadillac preto, enorme. Nosso companheiro deu, então, um primeiro sinal: fez um gesto previamente combinado – que funcionaria como sinal. Poderia ser, por exemplo, coçar a nuca ou erguer um jornal. Assim, a gente ficaria sabendo que o embaixador americano estava se aproximando. Mas, na hora de fazer um segundo gesto – o que serviria como confirmação definitiva de que o carro do embaixador americano estava se aproximando –, nosso companheiro não se moveu. E aí o carro do embaixador português passou por nós. Não houve propriamente um risco de sequestrar o embaixador errado, mas um momento de dúvida. A captura do embaixador português no lugar do embaixador americano seria pior do que operar o lado errado do cérebro de um paciente. O Conselho Regional de Guerrilha Urbana iria nos expulsar..."

Se fosse preciso, se o regime militar não tivesse aceitado as exigências, Cyrillo teria executado o embaixador americano?

"Tenho clareza sobre este ponto. Nós estávamos ali para capturar uma autoridade de um país inimigo do nosso povo – como achávamos – e efetuar uma troca. Com a captura, queríamos que outras exigências nossas fossem atendidas, como a leitura do manifesto. Quando chegamos à casa onde ficaria o embaixador, as TVs e as rádios rapidamente começam a ler o manifesto, num sinal de que a ditadura começava a cumprir as exigências. Nunca se colocou, então, ali, na 'vida real', o problema sobre se teríamos ou não de matar o embaixador."

E se acontecesse?

"Era um pressuposto. Mas o que poderia ter acontecido não dá para saber. Talvez a posição fosse – por exemplo – a de manter o embaixador preso. Não necessariamente seria preciso executá-lo. Vou me valer de algo que o ministro da Justiça do governo Geisel, Armando Falcão, costumava dizer. Já que a situação hoje é outra, posso dizer: 'Não dá para raciocinar sobre hipóteses'."

Mas você e os integrantes da ALN estavam dispostos a levar o caso até as últimas consequências, se fosse preciso?

"Sim. Mas a pergunta é: quais seriam as últimas consequências?"

Executar o embaixador...

"Ou deixá-lo numa 'prisão perpétua'."

Quando chegou ao cativeiro, Cyrillo teria um motivo para o que chama de "espanto": a leitura dos relatórios que o embaixador transportava e os comentários que o embaixador fizera sobre figuras como o arcebispo Hélder Câmara.

O guerrilheiro interpreta os papéis – até hoje – como uma prova material de que os americanos queriam meter o bedelho em assuntos internos do Brasil.

Por esse motivo, imaginou um desfecho que, se executado, com certeza aumentaria a repercussão internacional do caso: a ocupação de uma emissora de rádio para a leitura de um documento-denúncia.

Eis o depoimento do guerrilheiro sobre o plano de completar o sequestro com uma investida surpresa a uma emissora de rádio de grande audiência:

"A ideia de tomar uma emissora de rádio depois de terminado o sequestro do embaixador americano surgiu com um 'furo de reportagem' que o embaixador nos deu: entre os papéis que estavam na pasta que ele conduzia, havia uma 'bomba', um documento a que ele atribuía um peso relativamente pequeno.

Nós todos, brasileiros, até hoje não demos a importância que se deve dar a este documento. É um relatório que estudava alternativas civis para o Brasil, já que, na avaliação dos americanos, o regime militar estava seguindo por descaminhos que já não interessavam tanto à administração americana.

O documento trazia dados biográficos de uma série de brasileiros de vários segmentos sociais e de vários setores de atividades. Havia gente de direita, gente de esquerda. Quando cheguei à cadeia, meses depois, fui para a mesma cela de um homem que estava na lista: o historiador Caio Prado Júnior. Não era um grande inimigo do regime. Atos como a prisão de Caio Prado justificavam, aliás, o entendimento americano de que os militares brasileiros tinham ido para um descaminho.

O embaixador tentou deixar bem claro que a iniciativa de produzir relatórios como aquele não era do Departamento de Estado. Toda a análise para encontrar uma alternativa civil para o Brasil era coisa da CIA. Disse-nos quem era o chefe da CIA no Brasil: um dos secretários da embaixada americana na época. Já tinham sido mandados, antes, outros relatórios com uma série de nomes. Um dos nomes era o do arcebispo Dom Hélder Câmara. Os americanos estavam, portanto, oferecendo todos os anéis possíveis para não perder os dedos. Tentariam oferecer esta alternativa, o mais à esquerda possível, para não perder o controle da situação. Dom Hélder era um cristão, um progressista, inimigo da ditadura, mas jamais seria um comunista.

Os americanos veriam Dom Hélder como uma possível liderança civil numa redemocratização do país. Fizemos esta pergunta a ele: como algo assim poderia acontecer? O 'escolhido' seria agente da CIA? O embaixador respondeu que não. A CIA encontraria meios de aventar este nome. Outros concordariam. A partir daí, começaria todo um movimento que poria o cidadão lá na frente. Era uma operação complexa.

Diante deste 'furo', eu e Virgílio Gomes da Silva, o 'Jonas', também da Ação Libertadora Nacional, conversamos, ainda na casa onde estava o embaixador, sobre esta ideia: que tal se a gente, assim que chegar em São Paulo, fizer outra ação na rádio? Repetiríamos o que fizemos na Rádio Nacional: botar no ar um pronunciamento em que a gente usaria palavras do embaixador.

A ação, infelizmente, não chegou a ser realizada porque, quando saímos da casa, depois de termos trocado nossos presos pelo embaixador, ao fim de toda a negociação com a ditadura, terminamos indo para um aparelho no bairro do Catete. Dormimos lá. De manhã, saímos. Ficamos sabendo, no fim do dia, que aquele aparelho tinha caído. *(Cyrillo usa a expressão "o aparelho caiu" para dizer que o apartamento usado como esconderijo por ele foi invadido pela polícia. Os jornais do sábado, dia 13 de setembro, menos de uma semana depois da libertação do embaixador, informavam que a polícia encontrara no apartamento 311 do prédio 180 da rua Santo Amaro, no Catete, "grande quantidade de material explosivo e de armamento".)* Ficou tudo lá – inclusive o documento oficial da embaixada. O que transmitiríamos pelo rádio seriam trechos do documento que recolhemos com o embaixador.

Eu já tinha participado da tomada da rádio em São Paulo, pouco antes. Fui o 'sargento' dessa ação. Nós levamos um gravador portátil. A fita que foi levada ao ar tinha sido gravada em estúdio, com locução boa. Era uma mensagem de Marighella. Nós levamos conosco um técnico em rádio que sabia fazer todas as conexões necessárias para que a gravação fosse levada ao ar. Fui do grupo operacional.

A missão era tomar de assalto a torre de transmissão da rádio. Não fomos para os estúdios: fomos, direto, para a torre de transmissão. Isso pegou a repressão de surpresa. Quando começaram a ouvir pela rádio a transmissão daquele material, os policiais foram imediatamente para a sede da emissora. Acontece que estávamos na torre, em outro município... Assim, a transmissão ficou vinte minutos no ar.

A torre tinha vigilância zero. Era um terreno enorme, vazio, com um pequeno estúdio. Só havia um técnico – que ficava ali cuidando de tudo. A ocupação ocorreu de manhã, horário de maior audiência da rádio. Pegamos o 'horário nobre'. Pela manhã, havia o pico de audiência com aqueles programas que traziam notícias policiais e receitas de remédios... O documento, assinado por Marighella, anunciava o compromisso de lançamento da guerrilha rural no final daquele ano. Por esta razão, estávamos voltados para a preparação da guerrilha rural. Faríamos algo parecido depois da libertação do embaixador.

Nós estávamos preparando, também, aquela que poderia se tornar uma das últimas grandes operações de guerrilha urbana que faríamos em São Paulo: uma ação de desapropriação que ocorreria em toda uma rua do setor bancário da cidade.

Todos os bancos seriam desapropriados! Armas dos veículos de policiamento seriam apreendidas. Os caixas bancários, aliás, tinham sido arbitrariamente militarizados. Caixas – que eram funcionários dos bancos, civis – foram treinados pelo Exército para defender os interesses do patrão – ou das seguradoras. A rua ficava no Sumaré. Chamava-se Afonso Bovero. Desde aquela época, a rua tinha uma série de bancos. Fecharíamos os quarteirões em que ficavam quatro agências bancárias. Faríamos comícios-relâmpago no trecho. A ação seria de grande envergadura. O planejamento foi feito logo depois do sequestro do embaixador americano. Nós estávamos planejando, nestes últimos meses, a execução dessas expropriações.

Uma curiosidade: uma vez, fomos expropriar uma empresa chamada Rochester – que tinha permissão para usar explosivos. Além de usar, eles fabricavam explosivos, o que contrariava toda a legislação. Era uma pedreira. Nós fomos até lá, com um documento de busca e apreensão 'assinado' por um juiz. Realizamos a busca, fizemos a apreensão. Um detalhe: o 'nome' do juiz era Carlos Marighella. O documento parecia – e era – oficial: tínhamos conseguido cópias dos mandados.

Precisávamos de recursos para financiar nossas atividades – particularmente, a guerrilha rural –, além de fazer ações de propaganda política. Vem daí a importância do sequestro: era uma ação de propaganda política, assim como a tomada da Rádio Nacional.

Nestas conversas que tive com Jonas, o comandante da ação, não chegamos a escolher a rádio que usaríamos para fazer a transmissão sobre o embaixador. Logo depois, o documento 'caiu'. Assim, tivemos de descartar a operação. Sem o documento, não havia o que fazer.

O documento – e as análises do embaixador – significavam algo terrível para a gente, porque mostravam um grau quase ficcional de ingerência dos Estados Unidos. Nós nos acostumamos a ver coisas assim em filme ou em romance policial.

A interpretação mais crua que se deve ter é: ali estava o governo americano se imiscuindo em assuntos internos nossos para resolver problemas americanos. Ou seja: qual seria a alternativa de poder para o Brasil, gente mais 'dócil' que, ao contrário dos militares, não cometesse tantos erros que, no fim das contas, colocavam em risco os interesses americanos. Gente que eles pudessem tutelar melhor.

Imagino que, se eles puderem destruir aqueles documentos todos que foram apreendidos no aparelho, vão destruir. Mas espero que não façam. Porque os documentos são uma preciosidade histórica.

A transmissão de um programa no rádio seria um belo golpe de propaganda política. Teria repercussão internacional, além de ser um acontecimento histórico: pela primeira vez, o movimento popular ia ter em mãos documentos que comprovavam este tipo de ação do governo americano. Mas o fato de não podermos ter feito a transmissão não me frustrou tanto. O que me frustrou foi a gente não poder ter ido ao campo."

IPANEMA. INTERIOR. DIA. A PARTIR DE AGORA,
GABEIRA É UM FUGITIVO.
OS CABELOS VÃO
SER PINTADOS DE LOURO COMO
PARTE DA OPERAÇÃO DISFARCE.
SURPRESA: QUEM APLICA A TINTURA
É UM ATOR FAMOSO.

Os presos políticos que tinham sido trocados pelo embaixador americano já estavam no México, sãos e salvos. O embaixador voltou para casa com a marca de uma coronhada na testa.

Os idealizadores e executores do sequestro tinham um problema seriíssimo: a partir daquele momento, eram fugitivos. Tinham de se esconder. Uma operação policial gigantesca foi armada para caçá-los. Um a um, eles seriam capturados.

Fernando Gabeira tinha de sair de circulação imediatamente. Os tempos em que pegava o ônibus para ir trabalhar no Departamento de Pesquisa do *Jornal do Brasil*, na avenida Rio Branco, eram recentíssimos, mas pareciam ter ficado na Pré-história. Agora, se quisesse salvar a própria pele, ele teria de se transformar num homem invisível. Decidiu-se que ele iria ser enviado para São Paulo. Era uma temeridade permanecer no Rio de Janeiro, a cidade onde o sequestro fora perpetrado.

Mas, antes de atravessar a Via Dutra, Gabeira precisava passar por uma espécie de quarentena, um regime de isolamento total em plena Ipanema. Os cuidados incluíram, até, uma pequena provação estética – que Gabeira teve de enfrentar antes de ser levado para o apartamento onde ficaria longe de tudo e de todos.

"A primeira etapa, dolorosa, é a chamada 'geladeira'. Passei um período longo nesta situação. Pintei o cabelo. Quem pintou o meu cabelo de loiro, na verdade, foi Carlos Vereza, o ator. Era simpatizante da esquerda. Eu tinha de me disfarçar. Precisava mudar o cabelo para poder viajar, depois, para São Paulo. Vereza sabia quem eu era. Só não sabia de minha ligação com a ação. Devo ter passado cerca de seis meses nesta geladeira.

É uma situação delicada: você fica na casa de alguém. Quando o dono ou a dona da casa sai para trabalhar, você não pode dar a impressão de que existe alguém hospedado ali. Os ruídos, por exemplo, não podem trair. A situação é esta: você fica numa casa mas é como se não ficasse.

Cada um de seus gestos precisa ser calculado. Se houver barulho, na ausência do dono da casa, os vizinhos vão perceber. Fiquei num apartamento em Ipanema, na altura da rua Jangadeiros. Não conhecia a dona da casa, uma moça simpática chamada Ana. Vivia sozinha. Não sei que fim levou. Fui levado para lá.

O importante era não fazer barulho. Todos os meus movimentos eram calculados. O que eu fazia era ler e ler. Cheguei a dar nome a um mosquito que pousava todo dia na mesa: Eduardo. Passei a acompanhar os movimentos do mosquito: era a forma que encontrei de me manter ocupado.

Não faz tempo, recebi a carta de uma mulher que me transportou de carro para São Paulo. Agora, ela estava tentando receber uma dessas indenizações pagas a ex-militantes. Eu me lembro de pouco. Porque éramos treinados a prestar pouca atenção. Porque o que a gente soubesse poderia se voltar contra nós."

Parem as máquinas:

um dos mais conhecidos atores brasileiros participou do desfecho da operação sequestro! Uma história que ficou em segredo desde então.

Neste momento, o "filme que nunca foi feito" ganha uma cena que não estava no script: quem faz uma participação especial é um ator de primeiro time dos palcos, vídeos e telas brasileiros. Nome: Carlos Vereza. A biografia de Vereza registra que, em 1969, ele estava ocupado com *O bravo guerreiro*, filme de Gustavo Dahl. Dias Gomes preparava, para ele, um papel na novela *Assim na terra como no céu*. Mas, nos dias seguintes ao sequestro do embaixador americano, Vereza seria convocado para um papel surpreendente: o de autor de disfarces de alguns dos sequestradores – entre eles, Fernando Gabeira.

Rio de Janeiro, 2009. Procuro o personagem inesperado.

A câmera faz um superclose. Vereza começa a falar, numa entrevista em que quebra o silêncio sobre esta cena dos bastidores do regime militar:

"É a primeira vez que conto o que aconteceu. Um colega chamado Antero de Oliveira – um ator que já partiu para o plano espiritual – me disse: 'Vereza, conheço um pessoal que precisa fugir. Estão atrás de alguém que possa disfarçá-los'. Antero era de esquerda, amigo meu. Trabalhamos juntos, nesta época, numa novela da TV Globo chamada *Assim na terra como no céu*. Fizemos, juntos, uma peça de Edward Albee chamada *A história do zoológico* (*Zoo story*). Dizíamos, neste espetáculo, um poema de Allen Ginsberg, 'O uivo': 'Você caminha gotejante de volta de uma viagem marítima pela grande rodovia que atravessa a América em lágrimas até a porta do meu chalé dentro da Noite Ocidental'. O espetáculo, como um todo, se chamava *O jovem homem feio*, dirigido pelo meu querido Luiz Carlos Maciel. Antero era um bom ator. Tinha uma voz bonita.

Era introspectivo. Só me relatou que estava precisando arranjar um maquiador. Não falou que ligações ele tinha. É provável que, na surdina, ele estivesse agindo e tendo contatos. Era contra a ditadura. Se eu soubesse, eu diria, mas de fato não sei como é que a informação sobre o grupo que precisava mudar de aparência chegou a ele. O que sei é que ele estava aflito quando fez o pedido.

Disse a ele: 'Você já imaginou como é que vou chegar para um maquiador e pedir uma coisa dessas? Como é que vou chegar na TV Globo e dizer a Eric Rzepecki, o maquiador polonês: 'Você quer ajudar a disfarçar um pessoal de esquerda que precisa fugir do país?'. O maquiador iria cair para trás, desmaiado. Antero insistiu: 'Por favor, eles já estão meio cercados'. E eu: 'Vou ver o que é que faço, então. Posso dar um jeito. Vou fazer'.

Comecei a operação. Para disfarçar, cada dia comprava um produto numa farmácia diferente. Tinha alguma noção de maquiagem. Fiquei uns dois dias perguntando a Eric, o maquiador da TV: 'E se a gente quiser mudar a cor do cabelo?'. E ele: 'Ah, é só juntar esse produto com esse'. Num determinado dia, finalmente me contataram. Eu não sabia quem eram eles.

Os 'contatos' foram me buscar num carro. Delicadamente, me pediram para botar uns óculos com uma espécie de estopa, para que eu não pudesse ver para onde estava indo. O carro – um Karmann Ghia – rodou, rodou, rodou. Terminaram me deixando em um lugar, por cerca de quarenta minutos... *(faz uma pausa)*.

O rapaz que estava me levando perdeu o endereço do aparelho! Descobri, depois, que, debaixo do banco onde eu estava sentado, havia metralhadora, granada, pistola. E eu sentado ali, enquanto o rapaz procurava o aparelho. Tive a impressão de que o lugar onde fiquei dentro do carro era Santa Teresa. Dali, me levaram para outro ponto, onde maquiei Gabeira.

Quando cheguei ao endereço, fui levado para dentro – com a vista encoberta. Comecei a cortar e a pintar o cabelo de todo mundo. Antecipei, sem querer, o corte grunge. Quem era moreno virou louro. Quem era louro virou moreno. Fiz bigodes. Por fim, cortei curto o cabelo do meu querido Gabeira. E tingi. Ficou completamente diferente.

Desconfiei onde ficava um dos endereços, porque notei que a rua tinha paralelepípedo. Era Santa Teresa. O outro ponto foi em Ipanema. Porque eles me conduziam como se eu fosse cego, mas eu olhava por baixo dos óculos. Calculava onde estava.

Ajudei a disfarçar uns dez. Graças a Deus, todo mundo escapou. Só depois é que vim a saber quem era que eu tinha disfarçado.

Corri risco, sobretudo quando me deixaram sentado dentro de um Karmann Ghia enquanto o rapaz tentava achar o endereço. É bem Brasil: o motorista saiu e me deixou lá. Anos depois, me encontrei com a figura – que me disse: 'Você me perdoe! Perdi o ponto, o número da casa. Você ficou sentado em cima de um arsenal, escondido debaixo do assento traseiro do carro'.

Como se não bastasse, eu estava com uma mala cheia de produtos de maquiagem: bigodes, produtos para descolorir cabelo. Minha tática foi a seguinte: quem era louro tinha de virar moreno. E vice-versa. Eu não podia ser redundante na maquiagem. Cortei o cabelo de todo mundo num estilo parecido com o de uma banda punk. Antecipei o corte.

Eu tinha sido sequestrado duas vezes pelo DOI-CODI. Numa das vezes, fiquei oito dias no quartel da Barão de Mesquita, na Tijuca.

Não era ligado aos grupos que fizeram o sequestro. Acredito que tenha sido útil. É um episódio que daria um filme mais contundente do que *O que é isso, companheiro?*, porque – de certa maneira – mostra a 'carnavalização' do comportamento brasileiro em tudo. É inacreditável, é uma situação maluca o sujeito perder o endereço do 'ponto'!

Não sei se, depois dessa entrevista, eu, que não conheço os Estados Unidos, vou conseguir um visto... Queria conhecer aquele país. Não me arrependo do que fiz. O gesto pode ter sido quixotesco, mas procurava o bem. Nunca me gabei. Fiz o meu dever.

Hoje, quem analisar politicamente o que aconteceu ali vai ver que não tinha sentido. Mas é fácil falar quarenta anos depois! Naquele momento, as opções que um regime totalitário deixava para os jovens eram aquelas. É fácil, hoje, achar tudo engraçado. Mas, naquela altura, o Exército já tinha a pista dos sequestradores. Se os agentes pegassem o Karmann Ghia, já iriam chegar atirando. Estavam indignados. Quando maquiei, disfarcei e cortei os cabelos, os guerrilheiros conseguiram escapar. Fiquei feliz.

Gabeira foi decente. Preferiu não citar meu nome em *O que é isso, companheiro?*. Quando o livro foi publicado, em 1979, ainda havia um ressoar, um eco da ditadura.

Quando fui chamado para fazer os disfarces, eu já conhecia Gabeira, mas não tinha intimidade com ele. Eu sabia quem ele era. Imagino que ele soubesse quem eu era.

Ali, o que eu sabia é que era gente decente – que estava numa luta clandestina e precisava sair do país. Só depois é que vim a saber que eles, na verdade, tinham participado do sequestro do embaixador.

Tenho pudor de contar o que a gente faz. Mas, como é uma informação histórica, estou contando. Por exemplo: escondi uma figura que era muito procurada – Thomaz Antônio da Silva Meirelles Neto. *(Dirigente da Aliança Nacional Libertadora, a* ALN, *Meireles foi preso em 1971 e libertado em 1973. Fica na clandestinidade nos meses seguintes. Em maio de 1974, é preso no Leblon, no Rio de Janeiro. Desde então, desapareceu.)*

Meirelles foi barbaramente torturado e assassinado pela ditadura. Tinha uma filha, nascida na Rússia. A menina se chamava Larissa. Em homenagem a ele, dei o nome de Larissa à minha filha mais velha. Escondi esta menininha na minha casa. Ia comprar doce para ela numa padaria. E ela ficava falando em russo.

Era um homem elegante. Ninguém acreditava que ele era um guerrilheiro, ligado à luta armada. Andava de blazer inglês e sapatos italianos. Eu escondia gente no apartamento de minha mãe, no Lins de Vasconcelos. Minha mãe me falava de Luís Carlos Prestes desde quando eu era criança. Contava que tinha apertado a mão de Prestes quando ele saiu da prisão no fim do Estado Novo. Terminou despedida pelo dono do armarinho onde trabalhava. É que ela tinha pedido ao dono do armarinho para ir ver um comício de Prestes, o 'Cavaleiro da Esperança'. Mas o homem respondeu: 'A senhorita escolha. Se sair, não volta'. Não voltou.

Já durante o regime militar, eu ia para as manifestações de rua com minha mãe. A polícia jogando bombas de gás lacrimogêneo – e eu correndo com ela! Uma vez, como ela era enfermeira, tive de esconder minha mãe num hospital. Pedi para que ela fosse 'internada' no hospital da Lagoa. Como ela era querida, foi internada. Porque estavam procurando por ela, também. Afinal, quase todo o comitê estadual do PCB foi escondido no apartamento que pertencia a ela.

Fui, durante quinze anos, membro do Partido Comunista Brasileiro. Estavam atrás de mim porque eu escondia um rapaz chamado Carlos Marreiros, militante, grande fotógrafo. Um dia, quando fui almoçar no Leblon, cerca de quatro da tarde, a rua foi cercada. Fui levado debaixo de porrada para o quartel na rua Barão de Mesquita, na Tijuca.

Minha ligação vinha de 1962, quando entrei para o Centro Popular de Cultura (CPC). Quem me levou para o CPC foi Vianinha (Oduvaldo Vianna Filho). Conheci, no Partido Comunista daquela época e no Centro Popular de Cultura, as pessoas mais generosas, mais interessantes, mais dignas: Ferreira Gullar, Oduvaldo Vianna Filho, Paulo Pontes, Armando Costa, Flávio Migliaccio. Estávamos todos empolgados pela recente Revolução Cubana. Havia ideal. Era para a gente receber um salário no CPC. Nunca recebi um tostão. Era por amor.

Terminei me afastando quando a União Soviética invadiu a Tchecoslováquia, em 1968, uma atitude totalitária, feia. Aquilo foi me desanimando."

**COMEÇA O PESADELO NA PRISÃO.
UMA CENA INESQUECÍVEL:
DESTROÇADO PELA TORTURA, FREI TITO
REZA NA CELA. JAMAIS SE RECUPEROU
DO TRAUMA. TINHA ALUCINAÇÕES EM QUE
ENXERGAVA A FIGURA DO DELEGADO
SÉRGIO FLEURY.
TERMINOU SE MATANDO NA FRANÇA.
GABEIRA CONCLUI:
"O CARRASCO TRIUNFOU".**

O disfarce de Gabeira, pelo menos num primeiro momento, foi uma providência surrealista. Se iria passar os meses seguintes trancafiado dentro de um apartamento, cem por cento fora de circulação, não precisaria tomar cuidados tão extremos com a aparência. Mas a ordem era não brincar em serviço.

"Pintei o cabelo para me disfarçar, ainda que fosse passar meses trancado na 'geladeira'. Depois, o cabelo terminou voltando ao normal. A ideia era: onde quer que eu chegasse, era necessário que não me reconhecessem. Por exemplo: os donos da casa que recebiam você ou os que faziam o transporte não podiam saber quem você era."

Que sensação, afinal, Gabeira teve ao se ver loiro no espelho?

"A sensação é sempre de ridículo. Tínhamos, também, uma política que nunca foi bem-sucedida: a de nos vestirmos e nos comportarmos como se fôssemos operários, como se fôssemos suburbanos, como se fôssemos de outra classe social. A estratégia nunca era bem-sucedida. Se alguém nos examinasse atentamente, veria que alguma coisa estava errada ali.

Do Rio, fui para São Paulo – de carro. O objetivo: organizar os trabalhadores. A ideia era: 'Vamos organizar os metalúrgicos em São Paulo!'. Havia um contato, um sujeito que se chamava Mister x, a quem caberia o papel de me colocar em contato com outros operários, para fazer o trabalho de organização. Preso, denunciou. Mas eu é que cometi o erro. A regra era: se um desaparecesse por determinado tempo, o outro deveria mudar tudo. O problema é que, naquele instante, eu não tinha alternativa, além de ficar na casa onde estava. A estrutura era pobre. Não poderia escolher: 'Ah, agora vou para outro lugar!'.

Bem que tentei. Eu me lembro de ter me encontrado, na rua, com um jornalista. Não vou citar o nome para não comprometê-lo. Como já estava pensando na possibilidade de sair da casa onde eu estava, disse a ele: 'Dá para eu ficar na tua casa?'. E ele: 'Pelo amor de Deus, não dá para eu cuidar dessas coisas!'. Terminei seguindo o meu caminho.

Todo dia, eu saía. Dava aos vizinhos a impressão de que trabalhava fora. Mas eu saía para organizar os operários ou, pura e simplesmente, para caminhar por São Paulo antes de voltar para casa, à tarde."

Quando saía de casa para beber uma água tônica, Gabeira viu a rua ser tomada por carros da polícia. Tentou o impossível: fugir correndo. Terminou abatido.

Nosso personagem exibe um ar contrito quando descreve o momento em que sentiu uma ardência terrível lhe tomar as costas. Era o ferimento provocado pela bala.

Em *O que é isso, companheiro?*, Gabeira descreve assim a perseguição:

"Ouvi os gritos de para, para. Ouvi os primeiros tiros e, inclusive, me entusiasmei. Os tiros explodiam e eu continuava correndo (...) Ao tentar sair da rua e pular no mato, um dos tiros me alcançou pelas costas. Senti apenas um baque para a frente, uma dor aguda e deixei o corpo cair (...) Senti que a pistola estava apontada contra a minha cabeça. Seu dono disse: 'Vou acabar com ele'. O que chegou um pouco depois respondeu apenas: 'N ada disso, ele tem de ser interrogado'. Passaram-se alguns segundos. Quem prevaleceria naquela discussão? O tiro de misericórdia não era desfechado".

Pergunto: qual a primeira imagem que lhe vem à cabeça agora ao relembrar o momento em que foi atingido pelo tiro nas costas?

(Pequena pausa. Gabeira se concentra, como se estivesse assistindo a um filme que só ele pode descrever.)

"De vez em quando, a cicatriz arde. O que senti, naquele momento, foi uma ardência grande. Eu me lembro de que eles, os agentes, estavam bastante contentes. Eu me sentia caído, mas eles estavam excitados porque tinham conseguido o que queriam. A verdade é que quase escapei, naquelas circunstâncias. Quase! Mas a morte, aparentemente, estava se aproximando.

A primeira lembrança que me vem é a ardência. Você cai, você arde, você vê um agente se aproximando com a arma, triunfante. Eram da Operação Bandeirantes, uma combinação de DOPS, Exército e policiais. Aconteceu em Santo Amaro, numa rua bem de periferia, sem calçamento, perto do mato e de terrenos baldios.

Corri com a intenção de alcançar o terreno baldio – que ficava à direita de onde eu estava. Se alcançasse, poderia me distanciar. Mas eles atiraram.

Era preciso construir, então, alguma coisa que justificasse minha morte. Neste momento é que comecei a pensar em todos os líderes latino-americanos que tinham sido assassinados. O que eu estava procurando era dar àquela morte uma conotação a mais heroica possível, para justificar o que estava se passando. Por incrível que pareça, eu me lembrei dos irmãos Peredo – que tinham sido mortos na Bolívia. *(Guido e Coco Peredo foram mortos por participarem da guerrilha que Che Guevara comandou na selva boliviana.)* Os ídolos, naquele contexto, eram como ídolos de um esporte muito especial: eram só para os entendidos, só para os iniciados."

Você já teve a curiosidade de imaginar quem são e o que estariam fazendo hoje aqueles dois homens: um que quase lhe matou e o outro que, na prática, terminou salvando você?

"Nunca passou pela minha cabeça. Eu me lembro do agente que atirou. Eu acho que foi ele: o que era mulato e baixo. Fiquei com a impressão de que ele era uma pessoa violenta. Pode até ter morrido, pelas características que parecia ter. O outro não sei por onde andará. Deve estar velho, em algum lugar do Brasil."

De certa maneira você deve a vida a ele?

"Não é que ele fosse um bom samaritano. Não sei se devo a vida especificamente a ele ou à própria orientação geral – que era a de prender e interrogar. Sempre que puder, interrogar antes de matar."

Se, por um grande acaso, você se encontrasse hoje com o agente que atirou em você, sobre o que vocês falariam?

"Não teria tanta curiosidade em perguntar sobre o que aconteceu, porque, em quase todos os momentos, eu estava consciente. Ou seja: hoje, sei o que se passou. Só perdi a consciência já no hospital."

A bala atingiu três órgãos: um rim, o estômago e o fígado. Ficou alguma sequela?

"A equipe do Hospital das Clínicas era competente, formada por jovens. Quando perguntaram o meu nome, respondi: 'Meu nome é João'. O que é que você é? 'Sou um combatente contra o governo! Guerrilheiro!' Botaram um clorofórmio. Pronto. Logo fizeram uma boa operação.

Riram quando respondi 'guerrilheiro'. Devem ter achado que era algo 'heroico' demais para quem estava numa situação daquelas. Em vez de pedir água, dizia aquilo. Os médicos devem ter pensado: 'Daqui a pouco, vamos te abrir a barriga. Para que tanta empáfia?'.

Eu não dominava a situação em torno de mim, primeiro, porque sentia dores e estava preocupado com a hemorragia interna. Mas fizeram um bom trabalho. Os médicos só não puderam ter acesso a mim depois, quando fui levado para o hospital do Exército. Os meus enfermeiros passaram a ser, então, os próprios militares e policiais.

Os agentes que me prenderam me entregaram à equipe do Hospital das Clínicas. Eu não podia fazer perguntas. Era um preso. Fui para a sala de operações. Já acordei com alguém me interrogando.

Não sabiam, até então, que eu tinha participado do sequestro. Tanto é que me chamavam de 'João'. Quando me acordaram no hospital, me chamavam assim. Mas logo na manhã seguinte já tinham a informação sobre quem eu era.

A caminho do hospital, fiquei preocupado com o trânsito de São Paulo! Não era o que é hoje, mas já não era um trânsito fácil. O meu desejo era chegar logo ao hospital. Eu tinha sido jogado no chão da caminhonete, lá atrás. Era uma daquelas famosas Veraneio. É uma das viagens mais angustiantes que alguém pode fazer: saber se vai dar ou não para chegar.

O fato de ter chegado ao hospital e recebido o primeiro socorro anunciava, para mim, a possibilidade de sobrevivência. Parecia que a morte já tinha passado.

Quando fui para a sede da chamada Operação Bandeirantes, voltei para uma cela. Comecei a sentir de novo o lugar do tiro. Minha preocupação fundamental era ter um tipo de alimentação que não comprometesse o estômago. Tudo estourou na ilha das Flores, aqui no Rio, porque se formaram coágulos que vinham do rim. Para o coágulo sair, era uma loucura. Eu gritava. Todo pessoal da ilha das Flores acompanhava. Era

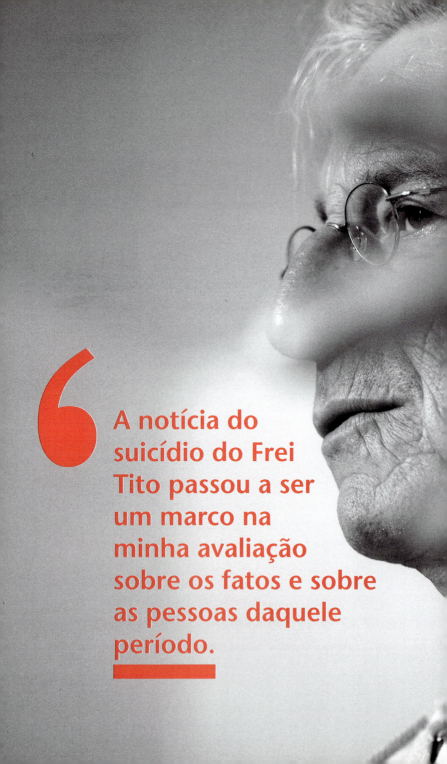

> A notícia do suicídio do Frei Tito passou a ser um marco na minha avaliação sobre os fatos e sobre as pessoas daquele período.

muito doloroso. De repente, um coágulo saía pelo pênis e explodia na parede da cela."

Você testemunhou uma cena marcante na prisão, na sede da Operação Bandeirantes, na rua Tutoia, em São Paulo, depois de deixar o hospital: viu Frei Tito ajoelhado, rezando, dentro de uma cela. Como é que você recebeu anos depois a notícia do que tinha acontecido com ele?

"A notícia do suicídio do Frei Tito passou a ser um marco na minha avaliação sobre os fatos e as pessoas daquele período. Humanista, Frei Tito não suportou a ideia de que seres humanos poderiam fazer o que estavam fazendo com ele.

Lá estavam, presos conosco, além do Frei Tito, o cabo José Mariani Ferreira (*um dos integrantes do grupo de Carlos Lamarca, o capitão que abandonou o Exército para aderir à luta armada contra o regime*) e um velho que tinha alugado o sítio de Ibiúna para o Congresso da UNE.

O fato de o Frei Tito estar rezando, naquele lugar, funcionou, para mim, como uma demonstração de como ele estava se conduzindo na prisão: ao rezar, ele tentava manter, ali, um nível de espiritualidade.

Com o tempo, as descrições que chegavam até nós indicavam que o Frei Tito de alguma maneira tinha interiorizado o processo de tortura. O carrasco triunfou: colocou-se dentro do Frei Tito."

(*Militante político, Frei Tito de Alencar Lima foi preso em novembro de 1969 por uma equipe do DOPS chefiada pelo delegado Sérgio Paranhos Fleury. O objetivo da operação era descobrir as* ligações entre os padres dominicanos e o guerrilheiro Carlos Marighela. Torturado com choques elétricos e pau-de-arara, Frei Tito não se recuperou do trauma. Tentou o suicídio na prisão usando uma lâmina de barbear. 'Fleury obrigava o apavorado frade a beijar-lhe as mãos e de vez em quando a ajoelhar-se', registra a biografia do delegado, Autópsia do medo, escrita pelo jornalista Percival de Souza. Banido do Brasil, depois de ter o nome incluído entre os presos que seriam trocados pelo embaixador da Suíça, foi viver na França. Frades que conviveram com ele na França disseram que Frei Tito tinha alucinações em que via a figura do delegado. Em 1974, suicidou-se, por enforcamento, nas proximidades do convento de Sainte-Marie de la Tourette. Tinha 28 anos de idade. Em um de seus cadernos, deixou escrito um poema: "Todas as tardes, me deitarei na relva/ e nos dias silenciosos farei minha oração/ Meu eterno canto de amor:/ expressão pura de minha mais profunda angústia/ Em dias primaveris, colherei flores/ para meu jardim da saudade/ Assim, exterminarei a lembrança de um passado sombrio".)

"Frei Betto uma vez me pediu que escrevesse sobre o Frei Tito. Defendi a concepção de que, para Frei Tito, era muito difícil imaginar que os seres humanos pudessem ser assim também."

"Sinto-me ligado ao martírio do Frei Tito não só porque vivemos a mesma experiência política, passamos pela mesma cadeia, terminamos num mesmo exílio europeu", escreveria Gabeira ao explicar por que se sente incapaz de entender o que aconteceu:

"Sinto-me ligado a ele porque sempre tentei explicar a mim mesmo o suicídio – jamais consegui. Como se os fantasmas da tortura e do suicídio tivessem a capacidade de permanecer em nossas cabeças sem que jamais os expliquemos satisfatoriamente. Nada do que é humano era indiferente para ele. Daí a enorme dificuldade em integrar a tortura e a crueldade que sofreu na cadeia na ideia do ser humano, criado à imagem e semelhança de Deus.

Se os torturadores são humanos, algo dos torturadores existe em nós. A saga dos que viviam de dar choques elétricos, ameaçar colocar crianças no pau-de-arara, romper tímpanos e a autoestima estará para sempre inscrita na história do gênero humano. A partir dessa experiência radical, a visão da humanidade nunca mais será a mesma.

Arthur Miller, creio que em *Depois da queda*, mostra um personagem visitando um campo de concentração, já desativado, e se perguntando se depois daquilo a poesia ainda era possível. Frei Tito talvez se perguntasse se a própria vida ainda era possível."

Gabeira se encontrou com Fleury dentro da Operação Bandeirantes, na rua Tutoia. Ao escrever sobre o encontro, ele relembrou a pergunta que ouviu do delegado:

"Dois oficiais da Marinha e Fleury sentiram-se à vontade para filosofar. Afirmaram que eu jamais seria um torturador, pois, para ser torturador, era preciso ter coragem de assumir as tarefas mais sujas de uma causa nobre. Concordei que jamais seria um torturador. Perguntavam: você teria coragem de nos torturar? Eu respondia: não."

Hoje, Gabeira resume assim o que estas considerações de Fleury significam para ele: "São provocações que faziam".

O pior momento que você viveu na prisão foi aquele em que você expeliu um jato de sangue na parede, numa cena que você diz que provocou repulsa até no guarda?

"Creio que foi o pior momento. Houve momentos de tortura que, no entanto, não eram tão assustadores: como sabiam da precariedade do meu estado, os interrogadores não torturavam para valer. Davam um, dois, três choques, mas sabiam que eu estava todo costurado, porque tinha acabado de sair do hospital.

O mais difícil foi aquele momento, na cela, porque havia as dores. Quando você vai doente para uma cadeia, vive uma situação especial, porque, primeiro, precisa convencer o carcereiro de que a doença existe. Em segundo lugar, você precisa convencê-lo de que você necessita de ajuda. O carcereiro pode achar: 'E daí?'.

A atitude dos outros prisioneiros me ajudou muito. Sem que pudessem me ver, todos começaram a fazer barulho, a gritar, a pedir que me tirassem dali. As celas na ilha Grande, para onde tinha sido transferido, não tinham comunicação visual, mas os outros prisioneiros intuíam, pela minha situação, que eu estava mal. Graças a esse movimento consegui ir para a ilha das Cobras e para o hospital da Marinha, onde passei alguns dias."

Que intensidade tinham os choques que eram aplicados em você durante os interrogatórios na Operação Bandeirantes, em São Paulo? Chegaram a testar seus limites?

"Não. O que eu tinha de mais importante para falar não foi falado. Grande parte dos meus encontros já tinha sido superada. Davam choques para 'estimular a conversa', não para buscar informação. Além de estarem vendo minha precariedade física, sabiam que as principais informações já não estavam ao alcance."

Queriam saber especificamente do sequestro do embaixador? Qual era o assunto que mais atraía a atenção dos interrogadores?

"Perguntavam sobre minha situação em São Paulo: 'o que é que você estava fazendo lá?'. Quando chegou a hora do interrogatório sobre o sequestro, veio gente do Cenimar, o Centro de Informações da Marinha.

Fui interrogado no DOPS (Departamento de Ordem Política e Social). Romeu Tuma era o delegado. Quando o pessoal do Cenimar chegou, me chamaram à sala onde Tuma trabalhava."

Você chegou a vê-lo?

"Cheguei! Tivemos um diálogo. Tuma falou assim: 'Você se feriu? Levou um tiro?'. Respondi que sim. E ele: 'Você acertou alguém?'. Eu disse: 'Não. Eu estava desarmado!'. Ele: 'Ah, então estava desarmado! Quer dizer que se estivesse armado reagiria?'. A conversa foi rápida. Hoje, somos amigos. Esquecemos completamente. A palavra 'amigos' pode ser forte: somos colegas de trabalho. Nunca mencionei a ele o fato de ter passado por ele naquelas circunstâncias. Nunca. Todos passaram por ele. Lula passou."

(Depois de gravada a entrevista, descobri que aqui, neste trecho, Gabeira exercitou com toda habilidade seus dons de diplomata. Quem sabe se, por excesso de zelo, preferiu não relembrar o comentário final que ouviu de Romeu Tuma naquele encontro na sede do DOPS *em São Paulo. Em* O que é isso, companheiro?, *Gabeira reproduz as cenas deste rápido encontro no* DOPS, *mas não diz que o "delegado" a que se refere era Tuma. Agora, em nossa entrevista, ele cita o nome de Tuma, mas prefere não reproduzir o comentário final feito pelo hoje senador. Quando Gabeira disse que não poderia ter reagido à prisão porque estava desarmado, o delegado reagiu assim, segundo o capítulo "Onde o filho chora e a mãe não ouve": "Balançou a cabeça desanimadamente e disse: essa gente só matando". Romeu Tuma se elegeu senador por São Paulo em 1994 pelo* PFL *e em 2002. Passou para o* PTB *em 2007.)*

"Vi coisas impressionantes na cadeia, tanto com presos políticos quanto com presos comuns. O caso que considero mais dramático é o de um paralítico que passou a noite numa cela do presídio da ilha Grande pendurado por uma algema. A cela que me foi destinada era vizinha à cela do castigo. Pude ter então, pelo menos do ponto de vista auditivo, uma noção sobre o que estava se passando."

Quando cumpria um castigo de quinze dias numa solitária na penitenciária Dias Moreira, no Rio, você teve medo de enlouquecer. Quando conseguiu contato com o preso que estava na solitária ao lado, você descobriu que ele, o assassino da vedete Luz Del Fuego, estava louco. Como era o diálogo de um quase louco com um louco?

(Famosa porque vivia sem roupa numa ilha na baía de Guanabara, a dançarina Luz Del Fuego foi assassinada, dentro de um barco, por um ex-presidiário, em 1967. O corpo foi jogado no mar.)

"Eu estava buscando contato, mas não havia contato. O que havia era falta de sentido. Quando eu tentava perguntar alguma coisa, ele respondia outra. Vi que não fazia sentido. Depois é que fui saber que ele estava louco."

Você teve contato com um bandido célebre, Lúcio Flávio Villar Lírio, na prisão. É lenda ou é verdade a história de que a convivência entre presos políticos e bandidos comuns deu origem a organizações criminosas, como o Comando Vermelho, por exemplo?

"Quando era levado de barco da ilha Grande para o Rio, para a penitenciária Dias Moreira, um preso comum se aproximou de mim. Era Lúcio Flávio. Contou-me tudo o que fez. *(Calcula-se em dezesseis o número de fugas, fracassadas ou bem-sucedidas, protagonizadas por Lúcio Flávio.)* A certa altura, ele me disse: 'Vou fugir. Quer fugir comigo?'. Respondi: 'Fugir, para mim, é problemático agora. Sou conhecido. Não tenho nenhuma estrutura preparada para me receber lá fora. Uma fuga dessas pode ser uma justificativa para te matarem'. E ele: 'Mas dá! Se você quiser...'. Disse que ia pensar. Lúcio Flávio acabou fugindo do fórum para onde tinha sido levado para depor. Não havia a mínima chance, no meu caso, porque nossos fóruns eram diferentes: eu na Justiça Militar, ele na Justiça comum."

Você teve a tentação de fugir?

"Tive a tentação. Mas logo percebi que seria arriscado. De fato, não havia a possibilidade de fugir. Mas a tentação de fugir sempre vem. É impossível não ter.

É importante registrar o que aconteceu ali: o governo militar tinha decidido transformar o assalto a banco em crime contra a Segurança Nacional.

Assaltos que foram descritos pelos jornais tinham uma série de características: levantamento, cobertura, troca de carros. A técnica, portanto, foi – parcialmente – descrita na imprensa. Quem via essas descrições no jornal e refletia um pouco começou a fazer assalto.

Pelo fato de estarem enquadrados na Lei de Segurança Nacional, os que faziam assalto a banco tiveram de ser colocados junto de nós. A proximidade favoreceu o surgimento de discussões.

Tivemos, na prisão, uma tentativa de criar uma espécie de universidade, não voltada para criminosos comuns, mas, principalmente, para os marujos que participaram da Revolta dos Marinheiros. Era uma tentativa de ajudá-los.

Os assaltantes que formaram o chamado Comando Vermelho não são tão inocentes a ponto de terem sido doutrinados por alguém. O que eles fizeram foi procurar, no discurso da esquerda, aquilo que poderia lhes dar legitimidade. É o que estavam procurando: 'Já que nós todos assaltamos bancos, o que é que nos dá legitimidade? Dizer que o assalto a banco é para o bem do povo, para melhorar a situação dos pobres'. Começaram a fazer um discurso antissistema. Mas o que vi ali foi um pouco do oportunismo.

A única iniciativa de transmissão sistemática era voltada para os marujos que estavam presos conosco."

Ao longo de suas passagens pelas prisões, você viu três cenas em que houve aquelas tiradas de humor nas situações mais absurdas do mundo. Uma: "Acorda! Você é idealista, mas eu também sou!"...

"Parecia que eles estavam permanentemente se justificando. Era como se se sentissem um pouco incomodados pela posição..."

A outra: "Vou telefonar para Fidel Castro!".

"Faziam piada a respeito. As piadas eram sempre ligadas às nossas convicções e nossas sintonias políticas..."

E, por fim, o policial que, depois de mostrar os tiros que levou, disse: "Chumbo faz bem à saúde!". O que cenas assim dizem a você sobre o temperamento do brasileiro?

"Apesar de eles insistirem tanto, não tinham tanta convicção ideológica. Sabiam que estavam fazendo, ali, um trabalho que não era razoável. A convicção que tirei é que eles viviam permanentemente rindo de nós! Eu me lembro de outra cena: quando estávamos na Operação Bandeirantes, havia um japonês da ALN numa das celas. Os agentes chegavam e diziam: 'Japonês não fala! Nós 'pindula' japonês! Vamos 'pindular' japonês!'. Ou seja: ao mesmo tempo que torturavam, sacaneavam."

A temporada na prisão tinha tudo para se estender pelos anos seguintes. Gabeira chegou a contemplar as paredes de uma cela certo de que iria passar ali o resto da vida.

Iria nada.

Uma notícia surpreendente agitaria os presos políticos da Ilha Grande no dia 11 de junho de 1970: o embaixador da Alemanha tinha sido sequestrado em Santa Teresa, no Rio. Em breve, os guerrilheiros divulgariam os nomes dos presos que deveriam ser imediatamente libertados e enviados para o exterior pelo governo militar, em troca da vida do embaixador.

O sequestro do embaixador americano tinha feito escola. Guerrilheiros cometeram pelo menos três outros sequestros para obrigar o regime militar a libertar presos políticos. O cônsul do Japão em São Paulo, Nabuo Okuchi, tinha sido sequestrado em março. Cinco prisioneiros foram enviados para o México. Agora, em junho, foi a vez do alemão Von Holleben, trocado por quarenta presos. O ciclo dos sequestros se fecharia em dezembro: o suíço Giovanni Enrico Bucher caiu nas mãos dos sequestradores. Setenta presos foram banidos do país. O próximo da lista seria o embaixador britânico. Não houve tempo.

Pelo menos quatro sequestradores do embaixador americano foram mandados para fora do Brasil, em troca da vida do embaixador alemão: Fernando Gabeira, Cid Benjamin, Daniel Aarão Reis e Vera Sílvia Magalhães.

O sequestro do embaixador alemão – que garantiria a partida de Gabeira para o exílio – foi comandado por Eduardo Collen Leite, o Bacuri, integrante da Ação Libertadora Nacional – ALN.

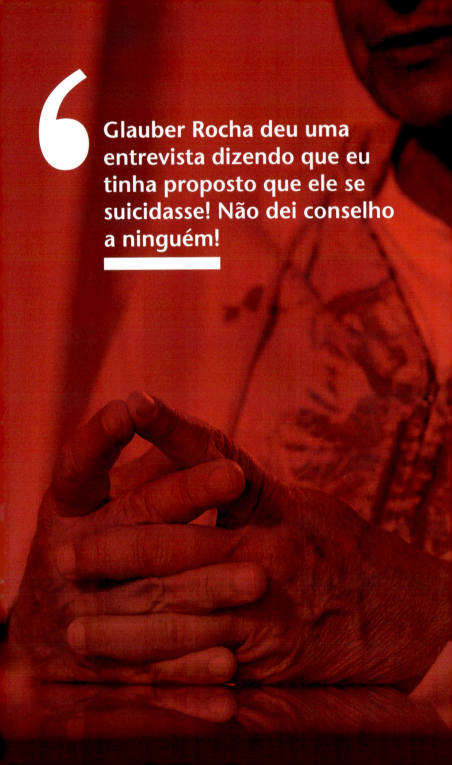

> Glauber Rocha deu uma entrevista dizendo que eu tinha proposto que ele se suicidasse! Não dei conselho a ninguém!

Um agente da Polícia Federal chamado Irlando de Souza Régis foi morto a tiros no momento da captura do embaixador. Bacuri seria morto em São Paulo, depois de capturado pela equipe do delegado Sérgio Fleury.

"Casos como o de Bacuri, em São Paulo, foram impressionantes", diz Gabeira. "Tiraram-lhe um olho."

O grupo Tortura Nunca Mais registra que o corpo de Bacuri, devolvido à família para sepultamento, apresentava "além de hematomas, escoriações, cortes profundos e queimaduras por toda parte, dentes arrancados, orelhas decepadas e os olhos vazados".

Gabeira tinha ido parar na cadeia por ter sequestrado o embaixador americano. Agora, era a vez de ir para o exílio, em troca do embaixador da Alemanha: o sequestro de Ehrenfried von Holleben ocorreu durante a Copa do Mundo de 1970 (aquela em que o Brasil ofereceu ao mundo aquele que é apontado como o maior time de futebol da história: Félix; Carlos Alberto, Brito, Piazza e Everaldo; Clodoaldo e Gérson; Jairzinho, Tostão, Pelé e Rivelino). Um dia antes, o Brasil derrotara a Romênia: 3 a 2.

Corte brusco. O filme que nunca foi feito ganha uma cena inesperada: em questão de horas, o personagem sai da prisão rumo ao exílio. Banido do Brasil, desembarcaria na Argélia, primeira escala de uma longa caminhada que, em nove anos, incluiria Cuba, Alemanha, Chile e Suécia.

Oswald de Andrade não disse uma vez que o Brasil era "uma república federativa cheia de árvores e de gente dizendo adeus"?

Chegara a hora.
Adeus, batucada. *Bye, bye*, Brasil.
A próxima parada desta aventura alucinante que começara na sacada do *Jornal do Brasil* – de onde o redator Fernando Gabeira contemplava as passeatas organizadas por estudantes contra o regime militar – seria o exílio.

**EXTERIOR. DIA. NOSSO PERSONAGEM
CAMINHA COM GLAUBER ROCHA
PELAS RUAS DE HAVANA. FALAM DA REVOLUÇÃO
BRASILEIRA. DE REPENTE, O MAIOR
CINEASTA BRASILEIRO FAZ UMA PROPOSTA
SURPREENDENTE, MOTIVO DE UM
MAL-ENTENDIDO QUE FICARIA
PARA SEMPRE.**

Você trocou ideias em longas caminhadas com Glauber Rocha na avenida principal de Havana, no exílio. Que ideias vocês tinham para o Brasil, já que eram duas cabeças diferentes?
"Quando chegou a Cuba, Glauber sabia que, entre os brasileiros que estavam lá, havia vários chamados guerrilheiros que tinham vindo do movimento estudantil. Eu tinha dividido apartamento no Rio de Janeiro com Paulo César Peréio e participado de um debate público sobre o filme *Terra em transe*. Se a gente considerar que existem países dentro de um país, nós – Glauber e eu – éramos do mesmo país. Nós nos falávamos muito. Caminhávamos perto do parque Copélia, em Havana.

Um diálogo nosso acabou produzindo um mal-entendido em Glauber. Não sei se por sacanagem mesmo ou se por um mal-entendido, ele alterou, depois, o sentido do que foi dito. Jamais vou saber, porque ele morreu.

Em meio a um de nossos diálogos, Glauber me disse: 'Eu gostaria de participar da guerrilha! Quero ser guerrilheiro! Mas quero ser guerrilheiro com a câmera. Quero estar filmando!'. Eu disse: 'É uma boa ideia, mas você precisa ver que, se for guerrilheiro com a câmera, você vai desaparecer um pouco, vai morrer como um grande cineasta. Ou seja: não vai escolher a luz, não vai escolher os atores, não vai escolher o momento. Vai ter de ser caudatário da ação. É o que você vai ter de ser: um documentarista da ação'.

Tempos depois, quando volta ao Brasil, Glauber deu uma entrevista dizendo que eu tinha proposto que ele se suicidasse! Eu teria aconselhado o suicídio. Não dei conselho a ninguém! Não o aconselhei, mas ele entendeu assim."

O que Glauber Rocha disse, textualmente, numa entrevista foi: "Quando eu estava em Cuba, Gabeira me chamou propondo a minha morte. Que história é essa? Eu posso dizer, não é deduragem: Gabeira me chamou e disse: 'Proponho a sua morte, a revolução precisa do suicídio do cineasta Glauber Rocha'. Para mim, Gabeira deixou de se chamar Fernando Gabeira e passou a se chamar Fernando Gabéria". *(Beria foi o chefe da KGB da União Soviética stalinista.)* A pergunta que faço a você é a pergunta que Glauber Rocha fez a ele mesmo: que história é essa, afinal de contas?

"Um mal-entendido..."

... Mas, em algum momento chegou a pensar que a morte de Glauber Rocha ajudaria a revolução brasileira?

"Não, não, não. Absolutamente! Não teria nenhum significado especial. O que pensei é o seguinte: como grande cineasta, ele teria de ficar como um grande cineasta.

Depois, Glauber disse que eu parecia um veado sueco. Por fim, parece que já em Portugal, pouco antes de morrer, disse: 'Talvez Gabeira tenha razão sobre coisas que eu tinha falado, sobre as coisas que estão se passando'. Glauber oscilou um pouco."

Você tentou retomar o contato com ele?

"Não, não. Glauber andou com uma loucura da morte da irmã também." *(A atriz Anecy Rocha morreu ao cair no poço de um elevador em 1977. Glauber deu declarações suspeitando de que se tratava de um assassinato.)*

Quando houve um debate no Museu da Imagem e do Som, em maio de 1967, sobre o filme *Terra em transe*, a obra-prima de Glauber Rocha lançada em 1967, você – que ainda não tinha embarcado na aventura da militância – foi uma voz dissonante. Reclamou publicamente de que o personagem vivido por Jardel Filho, um intelectual, terminava o filme dando tiros a esmo, numa revolta que você chamou de pessoal, desesperada e, portanto, inconsequente. Tempos depois, você não daria tiros a esmo, igual ao personagem? Você admite que repetiu o erro do personagem de Jardel Filho no filme?

"Repeti! O psicanalista Hélio Pellegrino, o produtor Luiz Carlos Barreto, o cineasta Joaquim Pedro de Andrade, entre outros, estavam na mesa do debate. Era gente inteligente, entusiasmada com o filme de Glauber.

É claro que havia também, a cada vez que saía um filme nacional, aquela sensação de grupo: precisamos defendê-lo, avançar com ele! Fiz a crítica porque a personagem que me fascinava em *Terra em transe* era a interpretada por Glauce Rocha, uma militante que trabalhava cotidianamente. A personagem, chamada Sara, estava voltada para a luta política cotidiana. Não queria nada de heroico. Não tinha os arroubos do personagem de Jardel Filho. O que eu estava querendo mostrar no debate, por incrível que pareça, é que a luta armada não era o caminho.

Todos defenderam o filme por um ângulo. Defendi por outro. A situação me lembra a chamada Polêmica de Valadolid: os espanhóis discutiam se os índios tinham alma enquanto os índios discutiam se os espanhóis tinham corpo.

A dificuldade era grande, porque, ali, eu estava, na verdade, condenando uma coisa que estava crescendo em mim. O processo de revolta contra a ditadura militar já era grande. Não tive o amadurecimento necessário para encarar a luta política cotidiana, difícil, que se estende por anos e anos." *(Numa das últimas cenas do filme, sob o som de rajadas de tiros, a personagem de Glauce Rocha pergunta ao personagem de Jardel Filho – que empunha um fuzil: "O que prova a sua morte? O quê?". E ele: "O triunfo da beleza e da justiça!". Os dois estão no meio de uma estrada.)*

Você criticou os arroubos do personagem, mas, intimamente, a atitude tomada por ele no filme já exercia um fascínio secreto em você?

"Diria que sim. O que estávamos discutindo ali era algo que o final do filme simbolizava: as opções de contestação que se apresentavam. Duas concepções estavam em choque. Uma opção era a de fazer uma oposição política à ditadura militar. Era uma opção expressada pelo Partido Comunista. A outra era a de fazer uma oposição armada, já fora dos rumos clássicos da esquerda.

Dentro do próprio movimento de contestação ao regime militar, existia uma réplica daquela discussão que se travou ali. Quando saíamos à rua, havia os que diziam: 'O povo armado derruba a ditadura!'. Já outros gritavam: 'O povo organizado derruba a ditadura!'. O mesmo tema voltava, através desse choque de slogans: resistência política ou resistência armada?"

O que é que os diálogos com Glauber Rocha significavam para você, ali, em Cuba?

"Glauber era a possibilidade de um diálogo sobre o Brasil, sobre política, sobre arte. Falávamos sobre o campo estético. Numa dessas conversas, disse-me que queria fazer este filme. Não chegamos a discutir a opinião que eu tinha tido sobre *Terra em transe*. Nem tocou no assunto. Não tinha nenhum ressentimento – até porque o que ele estava propondo já era.

Os encontros com Glauber em Cuba funcionavam, para mim, como uma espécie de ponte com um tipo de mundo que era meu: um mundo brasileiro, intelectual, estético, com que eu não tinha contato em Cuba. Isso não era comum no meio em que eu estava. Glauber significava uma espécie de volta à minha integridade. Quando a gente entra na militância, muda de nome e de casa. Os militantes só falam de militantes ligados à revolução. Com Glauber, não: a gente tinha um passado comum. Era uma ponte com o Brasil."

"Tenho a paranoia da perseguição", diria Glauber. "Assumi historicamente este dado neurótico, típico de intelectuais reprimidos, não só no Terceiro Mundo como em todos os países: o terror de ser morto, preso, torturado, assassinado, porque pensou e falou o que pensou (...) Não estou disposto a bancar o mártir para dar satisfação aos contestatários históricos de classe média ou a uma burguesia liberal que fala em liberdade mas não se preocupa com os verdadeiros problemas econômicos e culturais do povo brasileiro", diria ao *Jornal de Brasília* (jan. 1978).

"Não sou mártir, não curto ser crucificado, meu Cristo é a ressurreição, não é a cruz. Não curto o mártir ideológico, não curto esse tipo de sacrifício" (*Folha de S.Paulo*, 30 jul. 1978).

Preso logo depois do sequestro

do embaixador, o ator Paulo César Peréio entra em cena e pede a palavra. Vai falar sobre os bastidores do filme que mostrava, na tela, dilemas parecidos com os que Gabeira enfrentava na vida real: *Terra em transe*.

Houve pelo menos um grande equívoco na caça aos sequestradores do embaixador americano Charles Elbrick. O ator Paulo César Peréio, amigo de Fernando Gabeira desde o início dos anos 1960, teve de enfrentar um interrogatório dias depois da libertação do embaixador. Motivo: os investigadores descobriram que era de Peréio um número de telefone encontrado num dos esconderijos dos sequestradores. Mas as suspeitas eram cem por cento infundadas. Peréio não fazia a menor ideia de que o amigo Fernando Gabeira – por exemplo – estava diretamente envolvido no sequestro. Só soube quando a notícia saiu nos jornais:

"Tive uma identificação súbita e imediata com Gabeira quando nos conhecemos. Ficamos amigos. Gabeira tinha ido morar num apartamento que era de Tarso de Castro. Dividimos nossas misérias e nossas dores. O apartamento era mínimo. Gabeira estava experimentando suas primeiras letras, como escritor. Eu me lembro de que eu chegava em casa e lia, escondido, as páginas que Gabeira tinha escrito e reescrito. Gabeira não tinha ainda a substância para escrever um primeiro livro – que só viria a surgir quando ele lançou O que é isso, companheiro?, um grande sucesso literário. É um livro que classifico dentro do New Journalism, na tradição de Gay Talese e Truman Capote.

Eu me lembro de que, quando foi ver *Deus e o Diabo,* Gabeira me disse: 'É uma bobagem'. Devo dizer que Gabeira exercia uma forte ascendência intelectual sobre mim naquela época. Não é que eu concordasse absolutamente com o que ele achava, mas eu não tinha tantas condições de discordar.

O personagem de Jardel Filho em *Terra em transe* era um homem em crise. Quanto aos debates sobre *Terra em transe*: as posições que

Gabeira terminou assumindo na vida como revolucionário apontavam para uma radicalização. Contradiziam o que ele dissera nos debates sobre o filme. Mas é justamente no paradoxo e na contradição que reside a inteligência! Proponho um paradoxo hegeliano. Hegel costumava dizer assim: eu minto sempre. Agora, portanto, ao dizer que minto sempre estou, como sempre, mentindo. A inteligência reside aí, na dialética contraditória e nos paradoxos. As contradições e os paradoxos é que enriqueceram a vida de Gabeira. Uma das virtudes medulares de Gabeira é a inteligência. Mas ele é paradoxal!

Em um momento do filme *Terra em transe* fiz, como se fosse um locutor noticiarista, a narração dos fatos mais importantes da vida do personagem de Paulo Autran, Porfírio Diaz. Cheguei ao estúdio cedo. Fui gravar de manhã. Disse, timidamente, para Glauber Rocha que minha voz estava um pouco 'velada'.

Glauber respondeu: 'Pois então desvele a voz!'. Resolvia as coisas assim. Imediatamente, comecei a falar sem problema nenhum.

O personagem que fiz em *Terra em transe* na verdade era feito por um ator chamado Echio Reis. Mas ele teve um problema pessoal. Teve de abandonar o filme porque foi para a Bahia. Imediatamente, entrei no lugar de Reis para fazer o mesmo personagem. Acontece que Reis era baiano, moreno, um sujeito completamente diferente de mim. Mas este detalhe não teve nenhuma importância. Glauber não deu a mínima: botou outro ator no lugar – eu. E o personagem continuou.

Durante as filmagens de *Terra em transe*, Glauber se comunicava com Paulo Autran através de Zelito Viana. É que Paulo Autran tinha aquela pose toda. Mas nosso querido e amado Paulo Autran – que Deus o tenha, porque elogios jamais serão suficientes – não podia, em matéria de sinapse, inteligência, brilho e iluminação, ser comparado a Glauber. Só que ele se colocava numa posição meio estatuária. Numa hora da filmagem, Glauber disse a Paulo Autran: 'Neste momento, você tem de ter uma atitude românica!'. Paulo respondeu, como se estivesse corrigindo: 'Você quis dizer "romântica"?'. Glauber saiu enfurecido: 'Você viu que esse filho da puta quer me chamar de ignorante? Diga a ele que não é romântico! É românico!'. Eu tive de ir lá fazer as pazes, porque Glauber Rocha tinha, claro, toda a consideração pela figura estatuária do grande Paulo Autran.

Naquela época, teve gente que degringolou para o desbunde – e teve gente que degringolou para o foquismo, como Gabeira. Um dia, no Veloso, a gente se encontrou. Gabeira me disse: 'Eu acho que você pode estar certo. Mas você deveria estar em Paris, não no Brasil!'. Percebi que, politicamente, ele estava envolvido com qualquer coisa. Sem entregar nada, de certa maneira ele me fez uma consulta. Tanto é que eles tinham, no aparelho, o meu telefone. Tinham confiança de que, se precisassem de alguma guarida, poderiam contar comigo. Só que não me disseram. Quando o aparelho foi abandonado, a polícia encontrou, lá, um número de telefone que era meu. A polícia tinha como identificar de quem era aquele número. Os agentes foram à minha casa. Prenderam todo mundo que estava lá.

Um dos que foram levados foi um maquiador de cinema, irmão de Adriana Pietro, que tinha nascido no Chile mas estava tentando se naturalizar. Era nitidamente homossexual, bem assumido. Quando a gente chegou à polícia, uma das coisas que observei é que ele foi direto para a tortura. Era uma coisa meio erótica. O torturador tinha uma relação meio erótica com a tortura. Ficaram dando ênfase ao fato de Carlinhos Pietro ser nitidamente homossexual. Mas ele, como era chileno, saiu.

Nunca fiquei sabendo exatamente por que eu tinha sido preso. Quando fica sob forte pressão, a gente desenvolve mecanismos de defesa. Resolvi só dar informação fria para eles. Num momento, tive de ficar pelado. Só o fato de me botarem pelado já fez com que eu me sentisse torturado. Deram-me uma máscara. Vi o aparelho de dar choque. Mas eu sabia que aquele aparelhinho só tinha um polo positivo. Não ia me matar. Eu estava preparado para levar o choque logo. Mas eles só mostravam o aparelhinho e me ameaçavam. Numa hora, eu disse: 'Deem logo este choque!'. Cheguei a ver Geraldo Mayrink – que foi lá e bateu o próprio depoimento.

Não chegaram a me perguntar diretamente sobre o sequestro de Elbrick. Mas eu conhecia todo mundo. Eu era considerado meio hippie, meio porra-louca: parti para o desbunde nesta época. Nunca tive muita convicção de nada. Considero até hoje que ideologia é falsa consciência. Nunca nenhuma religião ou nenhuma ideologia me afastou da minha consciência mais legítima e mais medular. Quando saiu a notícia do envolvimento de Gabeira no sequestro, não tive surpresa. Também não me surpreendi com a atuação de Flávio Tavares – que tinha sido meu grande amigo no Rio Grande do Sul. Depois, se revelou que ele estava envolvido na luta armada. Eu me surpreenderia, por exemplo, se Tarso de Castro estivesse. Se eu estivesse em alguma organização, surpreenderia a todos, porque o tipo de atitude rebelde revolucionária que eu, Tarso e outras pessoas tínhamos era de outra espécie. Não era da espécie militarizada, organizada e articulada."

EM CUBA, GABEIRA IMAGINA UM FUTURO PARA SI NO BRASIL SOCIALISTA: IRIA TREINAR GUERRILHEIROS DE OUTROS PAÍSES LATINO-AMERICANOS.

Quando já estava em Cuba, no período em que teve os encontros com Glauber Rocha, você decidiu que queria acompanhar um discurso de Fidel Castro. Você chegou a escrever: "Queria acompanhar com fervor, em busca de afinidades e orientação". Que reação você teve depois de ver pela primeira vez um discurso de Fidel Castro em Cuba: de ânimo ou de decepção em relação ao que você esperava?

"O discurso de Fidel se arrastava. Era infinito. Notei que havia gente sambando e cantando atrás. Fiquei muito mais interessado nestas manifestações do que no texto do discurso. Não prestei atenção. Saber o que Fidel pensava nunca foi uma curiosidade minha. Igualmente, nunca foi uma curiosidade saber o que Che Guevara pensava. Não os lia. Não os considerava grandes teóricos. A verdade é essa."

Fidel Castro era uma personalidade mítica para a esquerda e os guerrilheiros, depois da Revolução Cubana. Qual foi a impressão que você teve quando o viu?

"Guardo a lembrança de um homem vigoroso

e falante. A multidão o ouvia. Mas, ao mesmo tempo, havia espectadores que procuravam se proteger daquele dilúvio de palavras através da música. Era o pessoal que ficava lá atrás. Vi que ali havia uma certa vida, uma certa movimentação. Sinceramente: não há, em meu passado, muitas referências de simpatia nem em relação a Fidel Castro nem em relação a Che Guevara. Nunca me interessaram tanto quanto um Leon Trotski pode ter interessado, pelo fato de ser mais intelectual."

Você fica, então, em que posição, diante dessa onda revisionista, marcada por debates entre os que demonizavam e os que idolatram Che Guevara?

"Um dos grandes problemas que conduz à violência é supor que se vai construir um novo homem.

Che Guevara acabou adotando uma filosofia que tinha tudo para levá-lo à violência e a um derramamento de sangue inútil de gente que não deveria e não poderia ser atacada. É um fenômeno comum na história. O grande problema é traçar um paraíso futuro, pensar na mudança dos seres humanos e tentar realizá-la. É um projeto violento e autoritário.

Mas há críticos que se situam no mesmo plano dos que idolatram Che Guevara. Ficam dizendo que Guevara tinha um cheiro ruim; era fedorento. Ora, participei do trabalho de guerrilha. Posso dizer que é difícil ter um cheiro bom naquelas circunstâncias! Você caminha sem ter como lavar a roupa ou como cuidar da higiene, ao contrário do que pode fazer, por exemplo, um redator que trabalhe numa redação de jornal, alguém que pode usar seus perfumes e suas colônias.

Esperar que Che Guevara vivesse essa vida e tivesse um cheiro bom é colocá-lo no mesmo patamar que os adoradores colocam, é inscrevê-lo no campo do mito.

Os erros de Guevara não são diferentes dos erros da própria concepção política que ele cultivou: são provocados pela visão de um mundo absolutamente novo, povoado por pessoas absolutamente novas. O inconformismo em aceitar os seres humanos com os seus defeitos e suas qualidades acaba levando a concepções violentas."

Você treinou para a luta armada em Cuba sob o pseudônimo de Ignacio Gomes. Carregava nas costas uma mochila e um fuzil que, juntos, pesavam oito quilos. Uma pergunta de leigo em guerrilha: por que você usava o pseudônimo, em Cuba, já que não havia nenhum agente do DOPS por perto? Estava se escondendo de quem?

"Nós todos nos considerávamos escondidos em Cuba. Usávamos nomes de guerra. Não tínhamos contato com ninguém. Vivíamos em clandestinidade. A burocracia cubana é que nos mandava comida. Vivíamos – de fato – como se estivéssemos escondidos."

Enquanto estava em Cuba, você imaginou que "a insurreição que levará o Brasil ao socialismo" conduziria você, "quem sabe, ao cargo de professor de guerrilha para os latino-americanos que ainda não chegaram ao poder". Era este o papel

que você imaginava para Fernando Gabeira num Brasil socialista? Professor de guerrilha de voluntários latino-americanos?

"Todos estávamos muito envolvidos com duas ideias: primeiro, a ideia da solidariedade. Segundo, a ideia da internacionalidade. Quer dizer: era preciso ser solidário e internacional. Você fazia a revolução no país em que vivia, mas também ajudava os outros a fazerem.

A gente às vezes imagina coisas estranhas no exílio. Como imaginava que iria ocorrer um longo período de luta no Brasil, eu me via atuando em vários pontos do país, ocupado em cumprir tarefas de guerrilha, como vigílias, por exemplo.

O horizonte das minhas fantasias era determinado, portanto, pelas circunstâncias do treinamento que eu estava fazendo. Era um treinamento intenso. Não conseguia ver muito adiante. Imaginava que ou eu estaria realizando no Brasil um treinamento igual ao que estava fazendo ali em Cuba, ou estaria ensinando tudo aquilo a alguém. Não conseguia ver um pouco mais adiante."

"Fácil imaginar Ignacio Gomes com seu fuzil FAL *percorrendo as montanhas do Brasil, emboscando patrulhas do governo, parando para comer um pedaço de chocolate, ou mesmo para comer uma manga-rosa, planejando assaltos a pequenos prédios da polícia"*, Gabeira escreveria em O crepúsculo do macho. *"Fácil de noite, quando você tira guarda, imaginar-se em pleno Mato Grosso levando o inferno às forças locais enquanto a crise do poder se precipita e está próxima a insurreição geral que levará o Brasil ao socialismo e você, quem sabe, ao cargo de professor de*

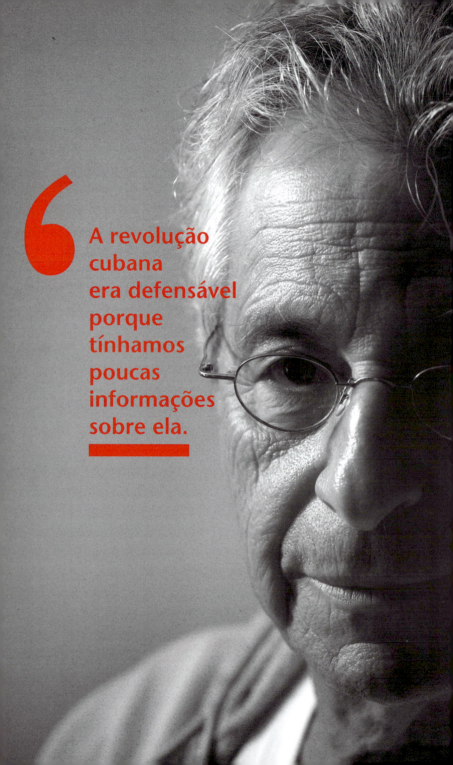

"A revolução cubana era defensável porque tínhamos poucas informações sobre ela.

guerrilha para os latino-americanos que ainda não chegaram ao poder, para as latino-americanas."

Você fez referência ao período em que treinou para a guerrilha. Além do peso excessivo da arma e da mochila que você carregava, que tipo de sacrifício físico você precisava fazer? Pular obstáculos, se arrastar pelo chão?

"Todos. Tinha de fazer exercícios de obstáculos e exercícios de combate. Todo mundo reclamava que, nos exercícios de combate, os cubanos não morriam nunca... O mais difícil era que eu, em geral, atuava como vanguarda. Nesta situação, como vanguarda, eventualmente era preciso percorrer o percurso duas vezes. Ou seja: ir na frente e voltar para encontrar os outros. O vai e volta permanente me causava o maior desgaste.

De qualquer maneira, eu – que tinha recebido um tiro no Brasil – estava bem fisicamente. Conseguia andar rapidamente, ir e voltar, ir e voltar. Era uma tarefa que, até, me agradava, a de voltar para ver o que estava acontecendo."

O que era tão penoso fisicamente?

"Era penoso fisicamente passar dias num acampamento no mato. Nós nos alimentávamos de uma forma precária, com chocolate, por exemplo. Terminávamos emagrecendo um pouco, passávamos por desgaste físico, mas não era nada de excepcional. Tudo era feito dentro da maior segurança, sem o combate real.

Lá estavam, em Cuba, Vera Sílvia Magalhães, Cid Benjamin, Vladimir Palmeira, Daniel Aarão Reis, todo o grupo ao qual eu pertencia."

Em Cuba, você estava percorrendo o caminho inverso: treinava para a guerrilha, mas já tinha passado por uma experiência aqui no Brasil. Quando estava fazendo o treinamento, você tinha a impressão de que um dia realmente exercitaria aquilo tudo aqui no Brasil?

"Tinha. Se não tivesse, aquilo ficaria insuportável. A verdade é que, aqui no Brasil, eu não tinha tido uma experiência militar. Meu papel no sequestro do embaixador foi muito pequeno. Quando fui preso, os agentes é que atiraram em mim. Não atirei. Eu não tinha tido, portanto, uma experiência militar. Para dizer a verdade, nem sei se teria – ou tenho – talento para uma experiência desse tipo.

O que eu sentia, em Cuba, é que estava aprendendo uma série de coisas que me dariam 'profissionalismo'. Teoricamente, o que eu estava aprendendo me daria, também, segurança na hora da ação: as precauções, o planejamento, a logística, as posições, saber como atirar.

Quando se trata de um grupo em que cada um atira, é preciso não atirar um no outro! Também: não perder totalmente a energia. Todas essas lições eram interessantes. Aprendemos a atirar de bazuca! Eis aí uma experiência interessante, porque a bazuca é pesada, você carrega no ombro. Mas, infelizmente – ou felizmente! – todas aquelas informações foram inúteis."

Quantas vezes você tinha empunhado um revólver antes do sequestro do embaixador?

"A gente empunhava para fazer exercícios de tiro. Eu já havia feito exercícios. Mas nunca tinha empunhado um revólver contra alguém! Tinha empunhado contra alvos.

Espero nunca agredir uma pessoa, nem um animal, até morrer."

Há mil e uma versões sobre o famoso financiamento de Cuba para a luta armada no Brasil. Logo depois de voltar do exílio, Leonel Brizola admitiu, em uma entrevista a uma rádio em Porto Alegre, que recebeu ajuda. O que é que você ouvia em Cuba sobre este assunto? Você recebeu ajuda de algum tipo?

"Quando cheguei a Cuba, já tinha havido a questão da guerrilha de Caparaó. Pode ter havido o empréstimo a Brizola – algo que, aliás, não foi desmentido por Cuba –, mas, nos momentos posteriores, não era tão necessária a intervenção cubana. (*A Guerrilha de Caparaó foi a primeira tentativa de organização de luta armada contra o regime militar, entre 1966 e 1967. A serra do Caparaó fica na divisa entre Minas Gerais e Espírito Santo.*)

Só o cofre do Ademar de Barros tinha 2 milhões de dólares! Havia toda essa produção de dinheiro internamente. (*Gabeira refere-se à ação de guerrilheiros que roubaram um cofre guardado na casa de uma secretária do ex-governador de São Paulo.*)

É claro que os cubanos ajudavam: quando você partia, eles davam dinheiro para você chegar a um ponto. Em outros casos, ajudaram com documentos. Mas, já naquele período, os cubanos não me pareciam entusiasmados com a revolução latino-americana. Era, já, um compromisso com o passado."

Oito horas por dia estudando textos de Karl Marx em Cuba deixaram que tipo de herança no Gabeira de hoje?

"Deixaram heranças. O estudo do marxismo foi importante para mim, para que eu entendesse tudo aquilo. Quando fui para o exílio, toda a minha formação era intelectual, literária.

Era uma formação, no máximo, próxima à dos existencialistas franceses. O que de certa maneira me jogava para a política era a visão de Jean-Paul Sartre e de Simone de Beauvoir, a do intelectual engajado. O mundo não teria sentido. Você é que daria um sentido ao mundo. Você escolheu se engajar para dar um sentido a tudo. O marxismo questionava essas posições. Dizia: não! Nós temos uma explicação mais científica e mais adequada.

A leitura dos três volumes de *O capital* foi um processo difícil. Tive de estudar outros textos sobre filosofia, por exemplo.

São estudos que me deram, pelo menos, conhecimento para que eu possa discutir com alguém de esquerda, entender o que ele quer dizer, saber o que ele pretende – e contestá-lo. Uma das grandes dificuldades no debate político é que frequentemente não se conhece o que o outro pensa nem qual é a lógica que o move."

Em que circunstância Gabriel García Márquez pensou em escrever um relato sobre a experiência que você enfrentou na prisão?

"Tive contato com Gabriel García Márquez e com Julio Cortázar, em Roma, quando houve uma sessão do Tribunal Bertrand Russell para tratar de crimes contra a humanidade cometidos pela ditadura brasileira. Participei do tribunal. Fui a Roma para apresentar um informe sobre a tortura. Disse coisas que, naquele momento, 1974, eram novas: declarei que os torturadores não eram, necessariamente, maus. Eram pessoas que levavam uma vida normal, frequentavam os lugares de sempre, tinham afeto pela família. Estavam cumprindo um papel. Eram profissionais de classe média. Poderiam estar ali, entre os turistas que visitavam Roma.

Falei sobre a 'banalidade do mal'. Não conhecia ainda o trabalho da Hanna Arendt – que tratou do tema. *(Depois de acompanhar, em Israel, o julgamento do criminoso de guerra Adolf Eichmann, a escritora Hanna Arendt usou a expressão "banalidade do mal" para demonstrar que gente comum pode ser capaz de cometer atrocidades inomináveis.)*

García Márquez se interessou pelo que eu estava falando. Cortázar também. Guardei de García Márquez, ali, no Tribunal Bertrand Russel, a imagem de um homem elegante, preocupado com as mulheres. Era a figura de um escritor de sucesso. Julio Cortázar – que vivia em Paris – parecia mais discreto."

Há um episódio pouco conhecido: num encontro com Glauber Rocha e João Goulart, na Europa,

Miguel Arraes disse que tinha informações de que haveria uma abertura política quando o general Geisel assumisse o poder. Glauber Rocha saiu espalhando a notícia. Ficou com fama de louco e de adesista, ao dizer que haveria uma abertura política dos militares. Mas ele, no fim das contas, estava apenas trombeteando uma previsão que tinha sido feita por Miguel Arraes, algo que, aliás, terminou se concretizando. Qual foi a primeira informação concreta que você recebeu, no exílio, sobre a abertura? Você chegou a ter contato com figuras como João Goulart e Miguel Arraes?

"Quando cheguei à Argélia, Miguel Arraes era o brasileiro mais expressivo entre os que estavam lá. Tinham dado a ele um espaço, uma casa dentro do próprio palácio. Arraes foi praticamente incorporado pelo governo argelino.

Eu o visitava. Não tínhamos informações. Tínhamos análises. A conclusão: era necessário que a abertura política acontecesse. Havia também a suposição de que o ciclo de crescimento econômico iria se esgotar e a pressão internacional sobre o regime militar seria cada vez maior. Nós contribuíamos para a pressão, através do Tribunal Bertrand Russel.

Em resumo: a análise que se fazia levava em conta o comportamento da economia e a atitude dos países democráticos que estavam interessados em mudanças.

Tive com Arraes contatos que, inclusive, foram difíceis. Perdi uma vez, no metrô de Roma, uma série de documentos e dinheiro, além de uma caderneta de telefones com números de amigos. Eram coisas importantes para nós – que formávamos aquela pequena rede clandestina.

Fui procurar Arraes, para ele me ajudar. Mas ele foi reticente. Depois é que percebi que a reticência era uma característica do modo com que ele se expressava. Não era de falar com muita clareza ou ir direto ao ponto. Era sinuoso, o que me deixou triste, a ponto de supor que ele não fosse solidário. Mas, depois, foi gentil: ajudou a procurar uma forma de recuperar os documentos. Eu é que tinha entendido mal.

O que houve em Roma, no caso da perda dos documentos, foi um acidente. Uma das grandes tristezas da minha vida é que, neste episódio, prejudiquei involuntariamente um amigo. Os papéis estavam numa bolsa pequena que eu carregava. O metrô de Roma tinha uma catraca. Deixei a bolsa de lado para passar na catraca. Iria pegá-la depois, é claro. Mas não fiz o movimento de pegar. Quando cheguei à próxima estação é que me lembrei da bolsa. Voltei, mas ela já não estava lá. Tinha ido parar nas mãos da polícia! Não é que alguém estivesse me seguindo. A bolsa, como objeto perdido, é que foi parar na mão dos policiais.

Um dos papéis tinha o endereço de um amigo de quem eu gostava muito. Tinha me introduzido no jornalismo carioca. Era Araújo Neto, correspondente do *Jornal do Brasil*. Os policiais terminaram sabendo que eu era exilado. Viram na minha agenda uma referência a Araújo Neto. A polícia, então, o atrapalhou. Quase que ele perdeu o emprego.

A última imagem que tenho de Arraes, já aqui no Brasil, é de uma cena ocorrida na Câmara dos Deputados. Numa discussão sobre salário mínimo, havia uma proposta da oposição – a nossa – que previa um reajuste um pouco maior. Já o governo e os partidos que o apoiam diziam que o reajuste que a oposição propunha era excessivo. O PSB, Partido Socialista Brasileiro, presidido por Arraes, votou, então, na proposta do menor salário mínimo. Arraes estava numa fileira lá atrás, na Câmara dos Deputados. Gritei para ele: 'Que história é essa? Vocês estão votando na pior proposta! Como é que é possível? Vocês são socialistas!'. Arraes levou a mão ao ouvido e disse: 'Não estou ouvindo, não estou ouvindo nada...'.

(Gabeira se diverte com o que pareceu ser um gesto típico de uma raposa política.)

É provável que eu o tenha entendido mal no primeiro momento, assim como ele deve ter me entendido mal no dia em que eu disse: 'Vocês estão votando errado!'.

Minha história com Miguel Arraes não é uma história de críticas – pelo contrário! –, mas é uma história de formas de expressão diferentes que não se articularam.

Com Francisco Julião, o ex-líder das Ligas Camponesas, tive contato ainda aqui no Brasil. Quando eu trabalhava no jornal *Panfleto*, antes de 1964, tive a chance de levar Julião às favelas do Rio de Janeiro, para que ele as conhecesse. Havia um sonho de unificação dos favelados com os sem-terra.

A reação de Julião durante a visita foi boa. Disse aos favelados o que deveria ter dito: que todos deveriam se unir, porque eram todos explorados. A ideia era dizer que havia uma união entre os pobres da cidade e os pobres do campo, mostrar solidariedade. Como Julião era um símbolo, o levamos para a visita à favela."

Ao se referir a uma entrevista que tinha dado, no exílio, a um repórter do jornal francês *Le Monde*, você escreveu: "Entrevista clássica. Crise do capitalismo, pobreza crescente das massas, ausência de saída política, grupos armados surgindo aqui e ali, enquanto a guerrilha se prepara para explodir no campo. Os dias do adversário estavam contados". Em que momento você começou a achar que suas próprias declarações, no exílio, tinham um triunfalismo exagerado que não se confirmava nos fatos? Você já estava fazendo uma espécie de guerrilha verbal?

"Já. Mas tinha minhas dúvidas. Em Cuba, ali no começo do anos 1970, diziam 'hasta la victoria, siempre!'. Eu escrevia a frase assim: 'Hasta la victoria, *sempre que possível!*'." Dizia que não existe 'hasta la victoria siempre!'. É sempre que possível! Porque nem sempre dá.

Eu tinha uma abertura para esse novo mundo, um ceticismo que, no fundo, era saudável. Quando, no entanto, ia falar com um jornalista estrangeiro, adotava o discurso clássico: 'estamos indo bem', 'o inimigo vai cada vez pior', 'a fome aumenta', 'as condições para a revolução estão aí'.

Era uma maneira de dizer que a revolução estava para acontecer. Já vimos, em vários lugares, a frase 'Coragem! O reino de Deus está próximo!'. Dizer que a revolução estava ali é, então, uma forma de dizer 'Coragem! O reino de Deus está próximo!'."

INTERVALO PARA MEDITAÇÃO: NOSSO PERSONAGEM VASCULHA AS LIGAÇÕES ENTRE MILITÂNCIA E RELIGIÃO.

Quando você chegou ferido ao hospital, logo depois de ser preso, deu o nome de João. Por que escolheu este nome?

"A gente ia trocando de nome. Eu me lembro do poema de Garcia Lorca que diz: *'Pero yo ya no soy yo, ni mi casa es ya mi casa'*.

Nunca parei para examinar o conteúdo religioso de todo esse processo. Mas vejo que, dentro desse conteúdo religioso, existe uma visão de fim de mundo. Em seguida, haveria o início de um novo mundo, completamente renovado. É um processo de transferência: um sonho com o absoluto. Você muda o mundo e bota, no lugar, um mundo novo. Os que entram neste processo passam a ser também novas pessoas. São batizados de novo.

Os 'nomes de guerra' eram escolhidos para dar segurança e proteção, mas significavam, também, um novo batismo: a partir dali, cada um era uma nova pessoa, não necessariamente uma só, porque ia mudando de nome."

Você cita o aspecto religioso da conversão dos guerrilheiros: ao trocar de nomes, estavam todos passando por uma espécie de novo batismo, como se estivessem nascendo de novo. A imagem do Frei Tito rezando na cela foi a única cena de fundo religioso que você viu na prisão?

"A cena do Frei Tito é uma expressão religiosa clara. Mas tudo era religioso, no sentido de que o marxismo era uma religião laica. Havia o sonho com o absoluto. Sonhar com o absoluto e com a perfeição era fazer uma transposição do próprio paraíso – um elemento permanente do processo religioso.

Igualmente, o fato de abandonar suas coisas, ser rebatizado e transformar-se numa nova pessoa também tinha um elemento religioso. São coisas que só passei a apreender depois, no exílio.

Há um elemento religioso quando você diz: 'Perdemos uma batalha, mas venceremos a guerra'. É uma transposição: nós passaremos por uma série de derrotas, mas o reino dos céus finalmente será nosso.

Mas o próprio Gramsci perguntava: como é que com uma série de derrotas se vai chegar à vitória? Como explicar? Só com uma visão religiosa! Porque a visão religiosa traduz esta situação: 'Nós estamos passando por essas dificuldades todas, mas a vitória final é certa, como a vida eterna é certa'."

O escritor Ariano Suassuna fez, numa entrevista que me deu, um comentário interessante sobre o poder de atração exercido pelo socialismo sobre os jovens. Disse que "toda a força da revolução russa vinha do caráter religioso, místico, profético e apocalíptico de contrarreligião". A "cidade santa" dessa contrarreligião era Moscou. "O túmulo do profeta e a relíquia sagrada era o corpo de Lênin

embalsamado e exposto à peregrinação dos fiéis", segundo disse Suassuna: "Jovens morreram pelo túmulo profético de Lênin, mas ninguém seria capaz de dar a vida pelo que um general chamou de forças geradoras de mercado".
Que peso você dá então à atração religiosa, entre aspas, exercida pelo marxismo e pelo socialismo? O tom salvacionista e heroico exerceu um apelo sobre os jovens, inclusive sobre você?

"Sim. George Steiner fala do 'sonho com o absoluto': a ideia de que se pode transformar completamente a sociedade e as pessoas. O 'novo homem' de Che Guevara é uma construção religiosa, também. É a ideia de que o ser humano vai se desfazer de todos os seus equívocos para se transformar em alguém que o próprio sistema vai produzir.

Ora, hoje sabemos que os seres humanos não são fáceis de mudar. O próprio papa Bento XVI escreveu uma frase inteligente: Marx não percebeu que as pessoas mantêm a liberdade, inclusive de fazer o mal. Nesse aspecto, o próprio papa tem uma visão menos 'religiosa'.

(Em uma encíclica sobre o ateísmo, publicada na véspera da gravação da entrevista, o papa disse: "Marx supunha simplesmente que, com a expropriação da classe dominante, a queda do poder político e a socialização dos meios de produção, ter-se-ia realizado a Nova Jerusalém. Com efeito, então ficariam anuladas todas as contradições; o homem e o mundo haveriam finalmente de ver claro em si próprios.

Marx esqueceu que o homem permanece sempre homem. Esque-

ceu o homem e a sua liberdade. Esqueceu que a liberdade permanece sempre liberdade, inclusive para o mal. Pensava que, uma vez colocada em ordem a economia, tudo se arranjaria. O verdadeiro erro de Marx é o materialismo: de fato, o homem não é só o produto de condições econômicas nem se pode curá-lo apenas do exterior criando condições econômicas favoráveis".)

Nós estávamos vivendo também um momento de declínio da religião. Mas se pode assistir ao declínio de uma religião sem que se assista, necessariamente, ao declínio da *necessidade de uma religião*. O marxismo, então, ao tratar do processo de transformação, tal como foi vivido, foi uma substituição que atendeu a essas necessidades.

Hoje, vemos, com o fim das utopias, as próprias religiões ocupando este espaço. Quase toda a rebeldia – ou o terrorismo – se vinculam a visões religiosas!"

Um professor da London School of Economics, o cientista político Kenneth Minogue, disse, numa entrevista, que acha razoável a avaliação de que o fanatismo islâmico hoje tomou, no chamado "imaginário coletivo", o lugar que já foi do comunismo, como o grande contraponto aos Estados Unidos. Você concorda com essa avaliação?

"São visões religiosas que cultivam a perspectiva de mudar tudo e de criar um mundo absolutamente novo. É uma escatologia. Há trabalhos que mostram que as religiões estão cumprindo agora esse papel, especificamente o extremismo, no caso do Islã.

Hoje se vê que é difícil não surgirem ideias de mudanças completas e de criação de um novo homem. Em suma: a ideia de uma revolução. Mas esta é uma ideia que, além de ter um cunho autoritário, é, frequentemente, sanguinária.

A ideia de um outro lugar onde tudo é corrigido e tudo é perfeito leva a uma série de crimes. Em primeiro lugar, quem imagina o 'novo homem' vê que as pessoas não se enquadram nessa visão. Começa, então, a puni-las e a matá-las."

A utopia, apesar de toda a inocência que possa existir na ideia de "paraíso", pode ser extremamente violenta?

"A leitura do século XX é esta: as utopias foram sanguinárias porque deram sustento e fundamento teórico para uma série de crimes.

O próprio Che Guevara teve, em vários momentos, atitudes violentas e cometeu crimes, embalado pela ideia de que havia um novo mundo e ele estava construindo um novo homem. Os 'novos homens' que não se enquadravam no processo podiam ser presos ou liquidados."

Quando o muro de Berlim caiu, a esquerda do mundo inteiro se sentiu órfã. As utopias – que nos anos 1960 eram tidas como belas bandeiras – passaram a ser vistas como algo até perigoso e irresponsável. Ao comentar o sucesso de uma edição de bolso do *Manifesto comunista* na Inglaterra, o professor de ciência política da London School of Economics disse o seguinte: "É preocupante ver como um melodrama simplista como este *Manifesto* é tão popular. A um amigo que quisesse entender as tentações do totalitarismo, eu recomendaria que lesse o *Manifesto comunista* e ouvisse aquela canção do musical *Cabaret* chamada 'Tomorrow belongs to me'. Tanto o manifesto quanto a canção exibem um belo otimismo e uma simplicidade de raciocínio que terminam levando à morte e à destruição". O que você diz dessa ligação entre a ingenuidade e a destruição?

"A expressão 'ingenuidade' descreve bastante a situação. Mas existe a ignorância, também. Uma ideia simplista pega pela ingenuidade, mas pega também pelo desconhecimento histórico, pela incapacidade de apreender.

A verdade é que, no tempo em que abraçamos todas essas causas, já havia, também, críticas. O único ponto em que nos escorávamos, do ponto de vista ético, era a Revolução Cubana, porque as outras, sob certos aspectos, já eram indefensáveis. A própria Revolução Cubana era defensável porque, na verdade, tínhamos pouca informação sobre ela."

A ideia de que, no fim das contas, você estava lutando – e até arriscando a vida – pela implantação de uma versão tropical de um regime marcado por partido único, economia planificada, imprensa manietada, poder centralizado e um estado policial reinando absoluto sobre tudo já perturbava você intimamente?

"O que havia era uma racionalização para todos os defeitos. A 'falta de liberdade de imprensa' era entendida assim: a liberdade de imprensa vai existir, sim, mas para setores da sociedade.

Toda uma racionalização em torno do novo sistema que seria criado permitia que a gente pudesse conviver com essas ideias. Isso, no entanto, não nos absolve: era ignorância nossa! Afinal, sobretudo depois do stalinismo na União Soviética, já havia um acúmulo de teoria e de informação que era suficiente para mostrar, com clareza, que aquela era uma experiência fadada ao fracasso.

O que aconteceu é que, em nosso entusiasmo, sobrava indignação contra a ditadura mas faltava informação e capacidade de avaliação. O fato é que nem sempre as escolhas históricas – como a de que era possível construir um novo mundo – se dão apenas no nível racional. Se a gente examinar as estruturas teóricas e práticas das grandes religiões, por exemplo, verá que há problemas. Mas você as aceita como algo grandioso.

Você entra na Igreja católica e diz: 'Há problemas: quem examinar a Inquisição verá que a Igreja católica foi extremamente violenta. Mas aquela foi a Igreja do passado'. Há sempre mecanismos de racionalização."

Em que momento as dúvidas começaram a perturbar você?

"A perturbação sempre existiu, porque nunca fui uma pessoa integrada. Como militante, não era integrado. Havia puritanismo e uma limitação estética que me exasperavam.

Igualmente, havia uma grandiloquência que eu, como jornalista, não podia aceitar. Chegava a rir de algumas coisas.

Sempre mantive, portanto, uma visão crítica, mas não o suficiente para romper. A passagem por Cuba foi esclarecedora. Pude ver o que era o sistema cubano, a maneira como a população vivia, a mediocridade da vida cultural e política, a existência de repressão, a onipresença da polícia política. Eram fatores que mostravam que aquele não era o caminho!

Por mais simpático, espontâneo e agradável que fosse o povo cubano, ficou evidente, para mim, que aquele regime não era o caminho: aquele modelo era um modelo inferior.

Depois, passei a primeira fase da minha permanência na Europa discutindo o marxismo na Alemanha. Vendia livros marxistas na Universidade de Berlim para sobreviver. Quando saí de Cuba, fui para Berlim. Vivi na Alemanha como se fosse um português naturalizado equatoriano. Assim, poderia falar espanhol com sotaque, o que dava uma certa verossimilhança à situação. Os cubanos me deram documentos quando saí de Cuba para a Europa.

Poderia assumir a condição de brasileiro. Mas não era possível assumir a minha condição. Afinal, eu tinha sido solto justamente em troca do embaixador alemão!

Logo depois, vi que a experiência da Unidade Popular no Chile, com Salvador Allende, era atrativa. Falei com a Anistia Internacional. Disse que queria viver aquela experiência no Chile, mas não tinha dinheiro para a viagem. Deram-me dinheiro para eu chegar ao Chile.

Ainda na Alemanha, houve grandes discussões teóricas.

"Pude ver o que era o sistema cubano, a maneira como a população vivia, a mediocridade da vida cultural e política, a existência de repressão, a onipresença da polícia política. Eram fatores que mostravam que aquele não era o caminho!

Comecei a ver, em primeiro lugar, o seguinte: iria acontecer mesmo uma revolução no Brasil? Ou iria haver um processo de democratização? Era uma pergunta angustiante: se não iria haver uma revolução, então a atitude tinha de mudar completamente!

Eu não tinha – ainda – uma base teórica. O marxismo me dizia: se havia, entre os trabalhadores e a burguesia, uma contradição antagônica que implicava a supressão de um dos polos, então teria de haver uma revolução!

Fiz, nesta fase, um texto mostrando que era possível que uma contradição evoluísse sem que um dos polos fosse destruído. Meu texto era supercomplicado. Cheguei a mandá-lo para Conrad Detrez, escritor belga que esteve no Brasil. *(Detrez abriu mão de uma carreira acadêmica na França para mergulhar na militância política no Terceiro Mundo. Expulso do Brasil pelo regime militar em 1970, voltou ao país no ano seguinte. Aliou-se a Carlos Marighella, com quem chegou a escrever um manifesto político pela "libertação do Brasil".)* Eu estava na Suécia, ele na Bélgica. E ele disse algo como: 'Que coisa chata e complicada!'. De qualquer maneira, eu estava fazendo uma tentativa de começar a explicar o processo que teríamos pela frente. Era um processo de democratização, não de revolução.

Assistir à debacle da Unidade Popular no Chile contribuiu para que buscasse novas saídas. *(A inédita experiência de um governo socialista eleito pelo povo – o de Salvador Allende, no Chile – foi interrompida por um golpe militar em 1973.)*

Como o marxismo me parecia rústico para explicar a realidade, fui buscar, então, caminhos. Comecei a estudar antropologia e a me interessar por lutas que não eram especificamente lutas de classes. Não rompi dizendo 'agora, sou contra!'. Não. O que aconteceu foi que comecei, progressivamente, a me aproximar de uma visão democrática."

Quando os tanques soviéticos chegaram à Tchecoslováquia em 1968, para esmagar a chamada "Primavera de Praga" – que tinha sido uma tentativa de instalar um "socialismo com face humana" –, um estudante anônimo pichou no muro uma frase que ficou famosa: "Acorda, Lênin, eles enlouqueceram". Há um filme que termina com essa cena. Era um protesto ingênuo contra a "deturpação" dos princípios da Revolução Soviética. Você já escreveu que, na época, não condenou com a veemência esperada a atitude da União Soviética. Qual foi o tamanho do abalo que a imagem dos tanques chegando a Praga causou em você?

"A imagem causou um abalo muito grande. Eu me lembro de ter condenado a invasão. Queria ter condenado mais. Também me lembro de ter visto intelectuais condenando. Jânio de Freitas condenou. A gente fez coisas, mas não o suficiente.

O que estava em jogo, ali, era a própria visão do socialismo. Se o socialismo se impõe de fora para dentro, na ponta das baionetas, não terá nenhum futuro. É uma questão válida até hoje para a democracia. Um sistema que é imposto de fora para dentro, na ponta da baioneta, dificilmente se mantém. Aquilo era ilegítimo!

Como tínhamos um distanciamento em relação à experiência da União Soviética, éramos contra aquele socialismo. Só não tínhamos ainda a sofisticação – que, depois, os europeus tiveram – de chamar aquilo de 'socialismo real', como se houvesse um 'socialismo puro'. Pensávamos que aquele socialismo era uma deformação.

Fiz o que eu pude fazer: dizer 'sou contra' e tentar manifestações, assim como intelectuais brasileiros fizeram."

Em um artigo que fez sucesso na revista *New Yorker*, o jornalista John Cassidy faz um relato interessante: um executivo da Wall Street disse a ele que existe um Prêmio Nobel de Economia à espera de quem demonstre algo que, para ele, é claro. Marx tinha sido um excelente profeta na economia, porque previu a globalização: o capitalismo chegaria a qualquer lugar em que houvesse alguém com necessidade de consumir um produto. Em compensação, tinha sido um péssimo profeta em política. Nada do que previu aconteceu. Você concorda com a avaliação de que Marx antecipou fenômenos que viriam a acontecer na economia, mas que errou tudo na política?

"Marx antecipou que a globalização decorreria do próprio movimento do capitalismo. Pôs em cena um instrumento importante para o entendimento da sociedade: os conflitos. Mas errou também do ponto de vista econômico, ao prever, por exemplo, que o capitalismo desapareceria, movido por suas contradições.

Marx, um grande intelectual, extremamente perspicaz ao descobrir tendências e desenhar o capitalismo, deu, também, o fundamento para uma série de equívocos."

Você escreveu, em meados dos anos 1980: "A história triturou os nossos sonhos. Nada nos impede de abraçar outros e continuar avançando da única maneira que nos foi dada avançar: através da constante superação de nossas ilusões". Quando você teve essa sensação definitiva de que a história tinha triturado os seus sonhos? Aconteceu no exílio?

"O que me deu essa sensação foi nossa aproximação da visão socialista, a maneira como a gente a viveu e como tentamos realizá-la. A expressão 'triturar os sonhos' é adequada. Porque sobrou muito pouca coisa."

A última grande utopia – a criação de uma sociedade solidária – naufragou com o fracasso do chamado "socialismo real". Depois dessa experiência, acreditar numa utopia é acreditar no perigo?

"Depois de toda essa experiência, acreditar na utopia sem examinar as consequências históricas que ela representou para o século XX é uma irresponsabilidade. Nada impede, no entanto, que lancem a mesma utopia com outra marca: o 'socialismo do século XXI', por exemplo. O presidente da Venezuela, Hugo Chávez, recupera a palavra socialismo, acrescenta um "século XXI" e tenta criar um sistema autoritário que possa representar a ilusão de que vai realizar justiça social. É algo irresponsável. Pode conduzir a muito sangue."

Houve uma mudança drástica do sentido da palavra "utopia". Era algo tido até há pouco tempo como inocente e bonito. Admitir que a palavra utopia virou uma maldição é um fracasso?

"Não é um fracasso: é um avanço, assim como considero um avanço a superação da visão religiosa do mundo. A utopia, na verdade, é também uma expressão do paraíso, a visão de um mundo onde tudo é corrigido e todos os problemas são resolvidos – a projeção de alguma coisa para o futuro que representa o 'absoluto'.

A superação do 'absoluto' significa um avanço, uma aproximação com o ser humano. Ao ler a encíclica do papa, vi que ele percebeu claramente que Shakespeare estava mais próximo do ser humano do que Karl Marx."

Eric Hobsbawm, historiador marxista, me disse, numa entrevista, que "a falta de liberdade foi o pecado capital do socialismo, particularmente para os intelectuais. Mas o pecado capital do socialismo foi acreditar que a economia poderia ser operada inteiramente através do planejamento centralizado, sem a atuação dos elementos de mercado. O que existia – basicamente – era um exagero do papel do Estado central como um arquiteto da nova sociedade". Adiante, ele disse: "Sem a União Soviética, o capitalismo não teria sido reformado como foi depois da guerra". Você subscreve esses dois julgamentos?

"Não. Ou só parcialmente. Primeiro: o problema não era somente a falta de liberdade para os intelectuais. Era a falta de liberdade para todos! Pode ser que a falta de liberdade para os intelectuais seja mais sensível, mas a 'questão da democracia' não é a 'questão da democracia dos intelectuais'.

O Estado supôs que pudesse controlar tudo, o que foi um equívoco. Mas é equívoco – também – o mercado supor que possa controlar tudo. É possível superar o dogmatismo de tentar resolver tudo através do Estado – ou resolver tudo através do mercado. Há inúmeras possibilidades de combinação entre estas duas forças!"

Você teve contato clandestino com brasileiros que não eram exilados?

"Quando estava em Cuba, praticamente não tive contato com ninguém, a não ser com Glauber Rocha. Tive contato com Regis Debray – que me trouxe livros. *(Intelectual francês que se juntou à guerrilha de Che Guevara na Bolívia. Condenado a trinta anos, foi libertado depois de uma campanha internacional.)*

Os brasileiros se concentravam em Paris. Havia, naquele momento, a euforia do Brasil Grande. Havia dinheiro, brasileiros fazendo o *tour* de Paris, Roma, Londres. Não chegavam tanto a Estocolmo, onde eu vivia. Os brasileiros que eu via eram os que trabalhavam na rádio sueca ou na embaixada – uma pequena colônia.

Pude constatar, através do relato dos exilados em Paris, que havia uma fluência, um enriquecimento no Brasil. Ou seja: os brasileiros estavam vivendo melhor e gastando mais. É claro que os brasileiros que funcionavam como interface entre os exilados e o país também estavam incomodados com a ditadura. A situação econômica era uma espécie de 'compensação' pelo fato de que o país estava vivendo sem liberdade política e sem riqueza cultural."

Você disse: "Creio que a primeira brecha do edifício de certezas da esquerda rompeu-se quando se teve a ousadia de proclamar a existência dos inimigos. Não se tratava da concepção burguesa que antepunha o indivíduo à história, mas sim de um movimento defensivo em relação aos coletivos revolucionários que queriam programar a vida de ponta a ponta, sob o argumento de que todos os sacrifícios pessoais se justificam diante do ideal comum". É o que você dizia nos anos 1980. Você até hoje acha que a atenção às necessidades do indivíduo é o primeiro passo para uma atitude política progressista? Isso não faria corar o Gabeira de antes?

"Não faria corar, porque, na verdade, essa tensão sempre existiu. Quando participei do movimento, nunca aceitei bem a ideia de definição da vida a partir do coletivo. Tal tensão se manifestou em Cuba em vários momentos, como, por exemplo, quando se queria tomar uma posição pessoal, mas o coletivo decidia tudo o que se fazia. Eu pensava que viver sob a direção do coletivo é um tipo de prisão totalitária. A não compreensão do papel do indivíduo é – de fato – uma fragilidade na visão da esquerda."

Daniel Cohn-Bendit diz, no livro *O grande bazar*, que "tanto a extrema esquerda quanto a esquerda sempre se esquivaram de abordar a questão da identidade individual. Ao tentar definir alguém, começam sempre por dizer a que classe social esta pessoa pertence. Acontece que não somos apenas isto". A crítica à cegueira da esquerda sobre o território pessoal é um dos traços que une os veteranos das batalhas dos anos 1960?

"É difícil nivelar tudo na expressão 'batalhas dos anos 1960'. Houve o movimento feminista – que tinha uma perspectiva de defesa do indivíduo. Já o movimento negro partia da necessidade de afirmar uma cultura, mas tratava também da repressão sentida individualmente. Houve uma inquietação na França e um questionamento da rigidez e da burocracia da esquerda, expressadas em palavras de ordem como *É proibido proibir*. Mas ocorreram também, no mundo, revoltas que estavam se encaminhando para uma luta socialista clássica, como foi, aliás, o caso brasileiro.

O que é que se via aqui no Brasil? Uma luta contra a ditadura, por um modelo mais próximo de Cuba. Havia poucas manifestações em torno da liberdade individual ou das repressões sofridas individualmente. O questionamento da ignorância da esquerda sobre o indivíduo não era necessariamente brasileiro, mas existia em algumas áreas aqui."

Você uma vez perguntou: "Por que é que o pobre não pode ter fome também de felicidade?". Quando você estava dedicado a uma visão coletivista da história, intimamente você já valorizava a busca da felicidade individual?

"Não só valorizava como achava que era um grande reducionismo achar que o objetivo central das pessoas era pura e simplesmente a segurança material. Havia outras expectativas e outras necessidades.

Devo dizer que tenho escrúpulo em olhar para o passado e superestimar tendências que hoje parecem evidentes. Mas, dentro da esquerda, minha posição caminhava para um questionamento. Minha formação era diferente. Eu tinha vindo do existencialismo. Os temas que se discutiam no existencialismo eram, por exemplo, ciúme ou não ciúme; a liberdade do indivíduo e das relações pessoais. Se Jean-Paul Sartre ia transar com uma mulher, o que é que Simone de Beauvoir iria dizer e vice-versa. O contexto era de uma certa libertação individual burguesa. Eu vinha desse universo! Para mim, era importante compatibilizar esse universo com o que estava acontecendo. Era difícil."

Em que circunstância você teve, no exílio, a sensação de que iria enlouquecer, a ponto de escrever, tempos depois: "Uma noite, achei que enlouquecia calmamente. Já me aconteceu no exílio."?

"O exílio é solidão. Quem passa por esta experiência enfrenta a doença do exílio: a famosa nostalgia. A descoberta do chamado 'mal do exílio' foi feita na Suíça. Um médico suíço estudou um grupo. Todos estavam fora de casa. Queriam voltar. E iam adoecendo. Ninguém sabia o que era, até que o médico ligou as duas coisas.

A gente perde as referências: é o que se chama de *dépaysement*. Você se sente não apenas fora do país, mas de toda uma realidade, inclusive a natural: os rios, os verdes. Nós estávamos na Suécia, um lugar coberto de neve. A sensação de *dépaysement* acompanha a nostalgia."

Você rasgou papéis em Estocolmo, logo antes de voltar ao Brasil. Você se arrepende de alguma coisa que tenha destruído?

"O ontem não interessa. Não adianta o que é que você já fez. Interessa o que virá. Vou deixando tudo para trás. Das coisas que deixei para trás, só lamento as bibliotecas que perdi. Uma biblioteca – aqui no Brasil – foi para o Cenimar, o Centro de Informações da Marinha. A outra, no Chile, foi para Pinochet. Em cada lugar que eu chegava, mantinha uma biblioteca.

Não mantinha documentos, rascunhos, originais, nada. Só depois que voltei para o Brasil, com um pouco de estabilidade, é que comecei a guardar. Com a internet, é possível concentrar a produção em um lugar.

O artigo em que eu procurava achar uma saída dentro do marxismo – por exemplo – ficou na Suécia. Não podia dizer simplesmente: o marxismo acabou. A visão que eu tinha era a de que as contradições não eram antagônicas. O que eu fazia, então, nesse texto, era justificar filosoficamente como seria possível lutar pela democracia, porque não haveria a necessidade de destruição de um dos polos. Ficou tudo em Estocolmo."

UM JOGADOR DO FLAMENGO OFERECE SOLIDARIEDADE AO EX-EXILADO RECÉM-DESEMBARCADO NO BRASIL

A notícia de que o caminho estava aberto para a volta ao Brasil chegou por telefone. Gabeira trabalhava como porteiro da noite num hotel chamado Cristina, em Estocolmo. Um repórter da Rádio Globo informava que a anistia tinha saído. O Brasil de 1979 abria as portas aos exilados, banidos, deserdados.

Agora, era arrumar as malas. A viagem de volta ao Brasil começaria por Estocolmo, passaria por Paris e terminaria no Aeroporto do Galeão, no Rio de Janeiro, no começo de setembro, exatamente dez anos depois do sequestro do embaixador americano.

Uma grande coincidência fez com que os jogadores de um dos mais populares times de futebol do Brasil cruzassem o caminho de volta de Gabeira.

Já em território brasileiro, no corredor do aeroporto, um dos jogadores perguntou se Gabeira por acaso era integrante de algum grupo de rock. Quando soube quem Gabeira era – um ex-militante que fora banido do território brasileiro pelo regime militar –, o jogador teve uma reação solidária. Gabeira registrou para a posteridade, nas páginas do livro *Entradas e bandeiras*, as palavras do craque:

"Se prenderem vocês, estamos aí para qualquer coisa".

Não prenderam. A Polícia Federal deixou Gabeira passar. Mas a Receita Federal criou problema. Um funcionário implicou com a máquina de escrever que Gabeira trazia debaixo do braço.

Começava ali – com uma discussão sobre uma prosaica máquina de escrever – uma nova aventura brasileira.

Quando você se lembra do dia em que voltou ao Brasil, qual é a primeira imagem que lhe vem à cabeça?

"A primeira imagem que guardo da minha volta ao Brasil é a do time do Flamengo entrando no aeroporto, na França. *(O Flamengo de Zico, Júnior, Adílio, Carpegiani e Júlio César embarcava de volta ao Brasil depois de ter perdido por 3 a 1 o amistoso disputado contra o Paris Saint-Germain no Estádio Parc des Princes no dia 31 de agosto de 1979, último compromisso de um tour internacional.)*

Dentro do avião, na viagem para o Brasil, não estivemos com os jogadores do Flamengo. Não sabiam que nós éramos exilados chegando de volta ao país. Não imaginavam qual o motivo da agitação que ocorreria no desembarque. Eu me lembro especialmente dos dois mais famosos: Zico e Júnior estavam na delegação.

Assim que desembarquei no Rio, houve uma briga com o funcionário da alfândega que queria 'prender' minha máquina de escrever! O motivo: eu não tinha o recibo da compra. Naquela época, máquina de escrever ainda era um produto taxável no aeroporto.

Tive de explicar ao funcionário que, devido às circunstâncias em que eu estava, no exílio, não tinha condições de apresentar ali, a ele, um recibo daquela máquina de escrever!

Logo vi que havia, no aeroporto, uma comemoração pela chegada do Flamengo e uma comemoração por nossa chegada. Quando cheguei ao saguão, vi vários amigos que me abraçaram e me levantaram.

Eu me lembro de ter visto ali, no desembarque, entre tantas figuras conhecidas, minha prima Leda Nagle, Hugo Carvana, Marta Alencar – de quem guardava boas lembranças dos tempos em que trabalhamos juntos no Departamento de Pesquisa do *Jornal do Brasil*.

Numa situação daquelas, a gente fica olhando para os outros e imaginando o que aconteceu com cada um. Quase dez anos tinham se passado. Inconscientemente, a gente perguntava: o que é que aconteceu com cada um? Tenta-se, rápida e fotograficamente, avaliar o que aconteceu com cada um durante todo aquele período.

Um repórter veio me perguntar: 'O que é que você quer comer?'. Eu – que já era vegetariano – disse, para me livrar da pergunta:

'Quero bife com batata frita!'. O repórter foi embora.

Eu tinha ido ao aeroporto de Paris com Chico Nélson, um grande amigo que sempre me dava força. Vivia me dizendo que eu estava 'lúcido, lúcido'. *(Fotógrafo e jornalista, Francisco Nélson descobriu, por acaso, ao fazer uma reportagem, que a Kombi que tinha comprado para distribuir um jornal chamado* Resistência *também tinha sido usada para transportar o embaixador americano no dia do sequestro. Terminou se exilando. Chico Nélson morreria de ataque cardíaco, aos 52 anos, em 1998.)*

Chico foi levado pela Polícia Federal logo depois de descer do avião. Depois é que o deixaram na casa onde deveria ficar.

O impacto maior veio em seguida: fico sabendo que Chico tinha fraturado o crânio num acidente gravíssimo. O carro tinha batido num poste.

Minha chegada foi cheia de alegrias mas teve também um tom trágico. O amigo com quem embarquei em Paris fratura o crânio num acidente justamente na noite em que fomos recebidos por todos.

O mais dramático da volta foi o que aconteceu com Chico Nélson, portanto. Já tinha acontecido um caso na Suécia, em que Chico tinha sido internado num hospital com um problema de saúde. Pode ter sido uma pneumonia. Era 13 de dezembro, dia de Santa Luzia. Para comemorar a festa de Santa Luzia, na Suécia, crianças desfilam carregando velas, vestidas de branco. Entraram cantando no hospital. Quando Chico acordou e viu aquelas crianças, disse: 'Ah, morri! Estou no céu. Lá vêm os anjinhos...'.

Depois de sofrer um acidente de carro no Rio, na noite em

que voltamos do exílio, ele acordou ouvindo um sujeito falando sobre passarinhos. Pensou também que já tivesse morrido. O interessante é que ele sempre acordava nessas circunstâncias. Excelente pessoa."

O SEQUESTRO QUE NÃO ACABA NUNCA: FERNANDO GABEIRA NÃO PODE PISAR EM TERRITÓRIO AMERICANO

Fernando Gabeira entrou na lista negra do Departamento de Estado americano desde que participou do sequestro do embaixador Charles Elbrick.

Não pode pisar em território americano. Se chegar a um aeroporto, será barrado.

Já fez três tentativas de conseguir visto. A resposta americana: não, não, não. Quem tomou a iniciativa de fazer a última tentativa foi, quem diria, um ícone do conservadorismo político brasileiro, o senador Antonio Carlos Magalhães, então presidente do Congresso Nacional. Não, não, não.

O sinal que o Departamento de Estado emite é claro: quem já se meteu em atitudes hostis contra autoridades americanas não deve esperar um visto de entrada no país. Pouco importa que as circunstâncias, hoje, sejam total, completa e absolutamente diferentes. Não interessa se o motivo do veto permanente é um acontecimento ocorrido faz quatro décadas.

É difícil imaginar um cidadão tão inofensivo para a segurança americana quanto um turista chamado Fernando Ga-

O presidente do senado, Antonio Carlos Magalhães, tenta conseguir um visto para Gabeira entrar nos Estados Unidos. A resposta: não.

beira passeando por livrarias de Manhattan. Se fosse verão, certamente o visitante repetiria o figurino que ostenta quando pedala uma bicicleta pelas ruas de Ipanema: bermudas, sandálias havaianas, um boné. Não, não, não.

Se depender do governo dos EUA, Gabeira jamais porá os pés em qualquer um dos cinquenta estados americanos.

A "pena" de banimento já se estende, intocada, por quatro décadas. É um efeito colateral tardio da investida cometida contra o cidadão americano Charles Elbrick numa ruela de Botafogo.

Gabeira faz um inventário da desconfiança que desperta até hoje em aeroportos estrangeiros:

"Nossos nomes corriam o mundo. Para dizer a verdade, correm até hoje. Quando entro na Inglaterra, sou 'preso' por trinta, quarenta minutos. Terminam me segurando. Fazem perguntas como: 'Você esteve na Argélia em 1970. O que é que você estava fazendo lá?'. Respondo: é melhor vocês checarem, porque tudo já foi explicado. Deixam-me sentado, conversam entre si por algum tempo. Meia hora depois, me dizem: 'Pode ir'. Espero que continue assim."

Você até hoje não consegue visto para entrar nos Estados Unidos. Qual é a explicação que recebe?

"A resposta é única: não!

Tentei uma vez conseguir o visto para entrar nos Estados Unidos porque trabalhava com a questão do Tibete. Haveria, em Washington, uma reunião de deputados que apoiavam a causa tibetana. Pedi o visto. Não me deram.

Depois, a Câmara dos Deputados me indicou para representá-la numa sessão de abertura da ONU. O visto foi negado. Por fim, o filme *O que é isso, companheiro?* (*dirigido por Bruno Barreto em 1997*) foi escolhido para disputar o Oscar. Eu iria até Los Angeles, porque os realizadores do filme queriam que eu estivesse lá. O visto também foi negado. Tudo aconteceu antes do 11 de setembro. Depois do 11 de setembro, não pedi de novo. Nem vou pedir.

Mas quero registrar que minha relação com diplomatas americanos tem sido cordial. A ex-embaixadora americana no Brasil foi simpática comigo. Quando o atual embaixador vai à Câmara, conversamos, discutimos. Como os Estados Unidos são – de certa maneira – um país aberto, o fato de eu não ter visto de entrada não significa que eu não acompanhe o que se passa lá. Sou leitor diário dos jornais americanos. Vejo os programas de televisão. Tenho os livros e os filmes. Digo que – de certa forma – é provável que eu acompanhe mais a cultura americana do que George Bush, por exemplo."

Uma curiosidade diplomática: os Estados Unidos podem, então, negar a participação de um parlamentar que vá participar de uma sessão da ONU?

"Podem, podem..."

Mas figuras que são dez vezes mais hostis aos Estados Unidos do que você já foi não comparecem a sessões da ONU?

██████████ "Os Estados Unidos argumentam que concedem visto sempre que houver claramente um interesse de Estado. Ou seja: se a ida de um visitante for necessária porque ele representa o interesse de um Estado – ou o interesse dos Estados Unidos.

Se for um dirigente político, um presidente, um ministro que vai discutir uma questão de interesse do Estado, os Estados Unidos dão um *waver* para que a pessoa entre no país. A Gilberto Gil, por exemplo, dão um visto curto. Porque Gil uma vez foi preso acusado de fumar maconha."

Há uma simples negativa ou há uma justificação formal quando eles negam o visto de entrada a você? Você sabe por que os Estados Unidos não dão o visto, mas existe um documento americano dando as razões?

██████████ "O meu caso era relativamente conhecido no Departamento de Estado. Um *schollar* americano que viria a ser embaixador no Brasil chegou a dizer que um dos seus objetivos era lutar para que eu tivesse o visto. É que ele achava uma coisa importante na relação entre os dois países. Mas o argumento das autoridades é este: quem cometeu um ato de violência contra uma autoridade norte-americana fica proibido de entrar.

Por mim, digo que tudo bem. Posso manter, com tranquilidade, um acompanhamento sobre o que se passa nos Estados Unidos. Não preciso – necessariamente – entrar no país. Daqui a anos, quando tudo o que aconteceu parecer realmente um fato do século passado, pode ser que eu venha a visitar o país, com oitenta, noventa anos de idade.

Pode ser um gesto simbólico: quem sabe, tirar umas fotos da Estátua da Liberdade. Porque já não importa."

Você seria capaz de mandar uma carta ao Departamento de Estado para tentar levantar essa punição que, pelo visto, é vitalícia?

"Quando os Estados Unidos negaram o visto que eu usaria para participar de uma sessão de abertura das Nações Unidas, Antonio Carlos Magalhães teve um papel importante. Brigou com eles, escreveu ofícios, mandou cartas para a Embaixada dos Estados Unidos no Brasil, na condição de presidente do Congresso Nacional. Teve um papel decidido nesta tentativa de garantir a minha ida.

Com o tempo, passei a achar que realmente não faz sentido me comunicar com eles sobre a questão do visto nem escrever sobre o assunto. O tema perdeu o sentido para mim. Já não existe a vontade de ir ou de participar de alguma coisa.

Depois do 11 de setembro, compreendo o trauma nacional dos americanos, também. É melhor não tocar no assunto. Podemos ter relações, independentemente de eu entrar no país."

O fato de ter tentado por três vezes obter o visto indica que você tinha – obviamente – esperanças de entrar nos Estados Unidos. Hoje, você perdeu totalmente a esperança, diante dessa máquina meio invisível que impede você de entrar no país?

"Não tenho nenhuma esperança. Estou resignado a não tocar nesse assunto..."

E a não pisar em solo americano?

"... A não pisar em solo americano. Deputados e presidentes da Comissão de Relações Exteriores da Câmara dos Deputados sempre têm vontade de levantar o tema. Sempre peço que não! Para mim, a questão ficou resolvida.

Nunca fui aos Estados Unidos. Não conheço o país. Cheguei a ser convidado, na época em que trabalhava no *Jornal do Brasil*, mas não cheguei a ir. Não ia para Kansas City..."

Já que você não vai mesmo: qual é a grande curiosidade que você teria sobre os Estados Unidos? Que lugar você gostaria de conhecer "ao vivo"?

"Se eu tivesse um tempo reduzido, iria para Nova York e para a Califórnia. Iria a Nova York pelo fato de a cidade ser uma metrópole universal. Já a Califórnia sempre teve, também, um grande papel na formação das ideias norte-americanas.

Houve uma geração – inclusive literária – que surgiu na Califórnia nos anos 1950. É o cenário de uma espécie de vanguarda americana no campo da ecologia, por exemplo. Tanto é que o governador da Califórnia é levado a tomar posições diferentes das do presidente da República. Eu me interessaria a princípio por estes dois lugares – Nova York e Califórnia. Mas não excluiria a possibilidade de conhecer todo o país. Igualmente, não excluo a possibilidade de conhecer todo o Equador. Gostaria de conhecer todos os lugares."

Paulo Francis dizia que, durante uma visita que fez aos interior dos Estados Unidos nos anos

1950, testemunhou algo que o marcou pelo resto da vida: nunca tinha visto uma acumulação de riqueza e um conforto material tão grande. Aquilo não era um fenômeno desprezível. Uma viagem aos Estados Unidos teria um impacto parecido sobre você? A "sociedade da abundância" iria criar algum "choque" em você?

"Não, porque este aspecto dos Estados Unidos nunca me seduziu ou foi importante para mim. O que existe é toda a minha relação com a cultura americana.

Desde garoto, gostava de inglês. Fui matriculado pela família para estudar no Instituto Brasil-Estados Unidos. Fiz contato com missionários mórmons na cidade. Eu fingia que acreditava no que eles me diziam, desde que a gente pudesse ficar falando inglês. Os missionários – que vieram de Salt Lake City – me 'convenceram' de uma série de coisas. Como o diálogo era em inglês, tudo bem. O que eu queria, na verdade, era dominar o idioma, primeiro, pela grande fascinação que eu tinha pela literatura americana. O texto anglo-saxônico significava, para mim, uma ruptura com o que eu conhecia: o texto latino, brasileiro, francês. Ao entrar em contato com o texto anglo-saxônico, eu sentia que tinha avançado alguns anos! É o que sinto até hoje. São mais pragmáticos e mais objetivos, o que me parecia uma característica muito interessante. Depois, passou-se da literatura para o cinema.

De repente, o cinema americano passou a ter também um grande papel para mim. Vieram as revistas e a dança moderna. Tudo foi formando, na minha cabeça, uma ligação cultural com os Estados Unidos. Eu iria aos Estados Unidos como aquela mulher que, no filme *Nunca te vi, sempre te amei*, foi a Londres para conhecer a livraria em que ela encomendava livros, na Charing Cross Road. Chegaria com este espírito: o de examinar os aspectos culturais que admirava."

Se você fosse fazer uma escala básica de três ou quatro ídolos culturais americanos seus, quais seriam os primeiros nomes, além de Ernest Hemingway, a quem você admirava tanto quando começou no jornalismo?

"Em cada campo e em cada aspecto da cultura, eles têm uma expressão importante. São grandes atores, grandes diretores de cinema, grandes diretores e autores de teatro. Admirava – muito – o trabalho de Arthur Miller, de Edward Albee."

Sem querer atrapalhar suas "relações diplomáticas" com os americanos, você chamaria de exagerada a recusa dos Estados Unidos em lhe conceder um visto, já que os quarenta anos que se passaram desde o sequestro do embaixador representam uma punição maior do que qualquer uma prevista no Código Penal?

"É uma punição que não se extingue. Do jeito que são as coisas do mundo, já fico feliz com o fato de a pena não ter se estendido às minhas próximas gerações. Minhas filhas, por exemplo, podem entrar nos Estados Unidos. *(Maya, uma das duas filhas de Gabeira com a estilista Yamê Reis, é campeã internacional de surfe em ondas gigantes. Passa longas temporadas nos Estados Unidos treinando e participando de competições. A outra filha, Tamy, é psicóloga.)* Houve um momento no Brasil, no auge da repressão, em que até os filhos eram perseguidos!

Não considero que a duração da recusa à concessão de um visto seja um problema. Mas é evidente que, nesse caso, existe, por parte das autoridades americanas, uma espécie de apego ao passado. É uma forma de se agarrar ao passado e deixar que ele determine o presente. Tenho outro espírito – aliás, americano: o de olhar para a frente!"

Não faz tempo, entrevistei um palestino que teve uma série de encontros com Bin Laden, antes dos ataques do 11 de setembro. A Al-Qaeda o escolheu para entrevistar Bin Laden. Por conta da entrevista, o palestino – que é diretor de um jornal árabe em Londres – já recebeu convites das universidades americanas para participar de debates mas teve o visto negado. Sem ironia, ele diz: "Amo os Estados Unidos. Amo a experiência americana. É um país multicultural, multiétnico, multirreligioso. A igualdade, a democracia, os direitos humanos, a Constituição, tudo forma uma bela experiência. Mas, para nós, árabes, muçulmanos, povos do Terceiro Mundo, o problema é a política externa americana – que vem nos destruindo."
(*A íntegra da entrevista com Abdel Bari Atwan, o*

homem que interrogou Bin Laden, foi publicada no livro Dossiê História.*)* Você também tem esse sentimento? A experiência americana fascina você também?

"Não há dúvida! Sempre me fascinou, desde que eu era garoto. Sempre fui fascinado pelas expressões culturais americanas, sejam elas as expressões 'estabelecidas', sejam elas as de 'protesto', como as dos poetas e escritores beatniks. Eu me lembro do próprio Ernest Hemingway. Todo aquele grupo que se situou na França num determinado momento tinha conflitos com o modo de vida americano. Mas eram americanos! Sempre tive – e tenho ainda – interesse. Sempre que posso, leio o *New York Times*, leio o *Washington Post*. Tudo que cai nas revistas americanas acompanho. Vejo a CNN. Tenho interesse. E nenhum ressentimento!

Quando vêm deputados americanos participar de discussões, exponho alguma coisa e ouço o que eles têm a dizer, assim como acontece com delegações de deputados do mundo inteiro."

Você chegou a ter pelo menos um contato com a filha do embaixador Charles Elbrick. O contato foi retomado?

"Valerie Elbrick, a filha do embaixador, esteve no Brasil na época do lançamento do filme *O que é isso, companheiro?*. Tivemos um excelente contato. Quando se levantou a possibilidade de eu ir aos Estados Unidos, ela tentou interferir por mim. Gostaria que eu fosse aos Estados Unidos. Nós estaríamos juntos lá.

A sensação que tenho é a de que ela não guardou nenhum rancor, porque compreendeu as circunstâncias. Evidentemente, o que aconteceu foi muito ruim para a família Elbrick. Todos sofreram muito, mas ela compreendeu as circunstâncias. A gente pôde, então, dar a volta."

A filha do embaixador manifestou alguma curiosidade específica sobre o comportamento do pai?

"Valerie Elbrick já tinha obtido do pai uma visão sobre o que acontecera. Já tinha falado com ele sobre o assunto. Mas pôde conhecer um pouco nosso espírito e nossa atitude. Não é uma pessoa que possa ser chamada de conservadora. Teve um entendimento sobre os fatos.

É claro que não aprova uma ação daquele tipo, mas teve um entendimento de que, dentro dos limites, o desfecho não foi trágico. O que ela queria – e o que, para nós, era importante passar para ela – era a verdade. Ou seja: saber como o pai se comportou naquelas circunstâncias. Tive uma sensação: a de que ela ficou orgulhosa quando eu descrevi o comportamento do embaixador.

Era uma confirmação de que o pai tinha se comportado muito bem num período e numa circunstância absolutamente dramáticos."

A filha do embaixador

se aproxima de
Fernando Gabeira com
um gravador. Quer fazer
perguntas sobre o que
aconteceu com o pai.

A filha do embaixador americano viveu, em 1996, uma experiência marcante no Brasil: aproveitou uma viagem ao Rio de Janeiro – onde acompanharia filmagens de *O que é isso, companheiro?* – para manter contato com pelo menos dois envolvidos no sequestro: Fernando Gabeira e Franklin Martins. O contato com Franklin foi feito por telefone, porque ele estava em Brasília.

De volta aos Estados Unidos, Valerie Elbrick escreveria um relato que tinha toques psicanalíticos. O pai, um homem formal, criara em torno de si uma espécie de "cordão de isolamento" que ninguém ousava transpor – nem a própria família.

Era um pai dedicado, mas preferia não dar demonstrações físicas de afeto: quando se despedia da filha – que passava o semestre escolar longe de casa – não a abraçava. A filha do embaixador nota que, ao contrário do que acontecia com a família, os sequestradores passaram por cima do "cordão de isolamento" que Elbrick erguera em torno de si. Fizeram o que a filha não conseguira fazer.

As lembranças de Valerie Elbrick certamente fariam a festa de um psicanalista curioso que estivesse disposto a investigar as (surpreendentes) ressonâncias que um sequestro como aquele é capaz de produzir no território estritamente pessoal, longe de qualquer consideração política.

Acorda, Freud.

Eis um trecho do relato que Valerie Elbrick escreveu para uma revista que circula na capital americana – *The Washingtonian*:

"Meu pai era reservado. Desenhou em torno de si uma linha que ninguém pensava em cruzar – inclusive nós, a família.

Quando eu deixava nossa casa para voltar para a escola, meu pai não me abraçava. Alisava minha mão rapidamente, me dava um beijo e dizia: 'Nós nos vemos em dezembro' ou 'em junho'. Nunca dizia adeus.

Os homens e mulheres que sequestraram meu pai estavam na faixa dos vinte anos – minha idade na época – quando ousaram arrancá-lo da rua e levá-lo embora com eles.

Fizeram algo que eu não poderia fazer: não pararam nem por um minuto diante do círculo de proteção que meu pai criou em torno de si. Passaram por cima dessa linha. Já dentro deste círculo, se comunicaram livremente com ele. Com barba por fazer e vestindo camisetas, eles estavam falando com alguém que, em casa, usava gravata aos sábados e domingos – e jamais saía do quarto sem se barbear."

Aqui, a filha do embaixador fala do momento em que, com um gravador nas mãos, se aproximou de Fernando Gabeira, num jantar oferecido, no Rio, pelos produtores do filme:

Valerie: "Eu estava segurando um gravador. Perguntei se Gabeira se incomodaria se eu gravasse nossa conversa. 'De jeito nenhum', ele diz. 'Talvez seja melhor testar primeiro.'

'Tivemos muitas conversas', Gabeira diz, gentilmente, enquanto abre a porta do quarto para que eu entre. 'O embaixador foi muito paciente comigo.'

Valerie: O script do filme diz que caberia a você atirar...
Gabeira: O quê?
Valerie: Atirar, matar meu pai, se se chegasse a este ponto...
Gabeira: Não.
Valerie: Você não se lembra...

Gabeira: Não é que eu não me lembre...
Valerie: Talvez os roteiristas tenham criado a cena...
Gabeira: Para tornar tudo...
Valerie: Cinematográfico...
'Sim', ele diz, com um sorriso. Rio também.

Gabeira me diz que já não é o homem que era em 1969. O tempo o mudou. O tempo e a vida na Argélia e na Suécia. Gabeira advoga a não violência, promove causas ecológicas, virou pai. 'O seu pai foi muito paciente comigo', ele me diz novamente. Digo que imagino que ele próprio, Gabeira, seja mais paciente – agora que ele tem quase a idade que meu pai tinha quando foi sequestrado. Gabeira ri e diz: 'Sim. Talvez'.

Falei com Franklin Martins por telefone. Era um dos líderes do pequeno grupo que teve a ideia do sequestro. Falou sobre o meu pai:

'Estava nervoso no primeiro dia, um pouco sonado. Tinha uma pancada na cabeça.'

– O que aconteceu?

'Tivemos de fazê-lo entender que ele não poderia resistir. Ele foi muito corajoso, muito digno. Quando um homem se defronta com uma situação como aquela, você vê o quanto ele é corajoso. Tive muitas conversas com ele (...) Aquilo foi uma operação militar, não foi um *happening*, como Gabeira diz no livro. Nós estávamos preparados para matá-lo', ele diz, sem ênfase.

Franklin Martins escapou de ser preso. Passou anos no exílio. Os esforços que eles fizeram não produziram as mudanças que esperavam. Vinte anos se passariam até que um governo democrático voltasse ao Brasil. Quando a democracia veio, não foi através de uma revolução.

Depois do sequestro, Fernando Gabeira foi caçado, atingido por tiro, preso, torturado e, meses depois, trocado, junto com outros prisioneiros, pelo embaixador alemão – que tinha sido sequestrado. Hoje, é deputado. Suas filhas estudavam numa escola alemã que, ironicamente, fica em nossa velha casa, a antiga sede da embaixada americana na rua São Clemente, perto do Corcovado e do Cristo Redentor."

A grande "causa impossível" dessa trajetória toda é você conseguir entrar nos Estados Unidos? Da filha do embaixador ao presidente do Congresso Nacional, ninguém dá solução ao caso...

"A causa apenas não é prioritária. É inútil! Já não há causa. Não há partes no caso.

Disse para deputados americanos que estiveram na Câmara – e nem sabiam quem eu era: o importante é que a gente mantenha o diálogo em torno de temas como a questão nuclear, por exemplo. O que importa é que os americanos sintam que existem posições diferentes das dos Estados Unidos. Não são posições adversárias. Quem as defende não é necessariamente inimigo do país. Nós manifestamos esta posição no caso do Iraque. É importante que seja assegurada a diferença!"

Você teria a tentação de pedir ao governo Barack Obama que finalmente lhe concedesse um visto ou este é um caso perdido?

"Prefiro manter a situação atual – em primeiro lugar, porque eu já tinha adotado a posição de não tomar qualquer nova iniciativa; em segundo, porque não vejo nenhum motivo para tentar um visto no governo Obama. As relações com os Estados Unidos são boas. Acompanho tudo o que se passa lá. Quando os embaixadores vão à Câmara, discuto com eles, passamos em revista as posições americanas e brasileiras de uma forma bastante satisfatória para mim."

Você já declarou que teve excelentes relações com um político que tinha um perfil barulhento, mas conservador: o senador Antonio Carlos Magalhães – que tentou, oficialmente, conseguir um visto para você. Chamava até você de "orixá". O que é que havia de comum entre vocês dois? Em algum momento, o diagnóstico de Antonio Carlos Magalhães e de Fernando Gabeira sobre o Brasil coincidiam?

"Em vários momentos. O primeiro aspecto que nos ligou foi a amizade e o respeito recíproco que havia entre mim e o filho de Antonio Carlos Magalhães, o deputado Luiz Eduardo Magalhães, na época presidente da Câmara. (*Luiz Eduardo Magalhães morreu de ataque cardíaco aos 43 anos de idade, em 1998.*)

Eu era o único deputado do Partido Verde (PV). Luiz Eduardo reconhecia, em mim, uma voz. Tanto é que dizia: 'Deputado Gabeira, como se manifesta a bancada do Partido Verde?'. Eu respondia: 'Ainda não sei. Sou o único, mas sou uma pessoa um pouco dividida. De qualquer maneira, hoje vou votar assim...'. E votava. Nós brincávamos. Tínhamos muito boas relações.

O que havia era uma relação de respeito mútuo. Quando Luiz Eduardo Magalhães morreu, fiz um discurso sobre nossa amizade e nosso respeito mútuo. Eu e o senador Antonio Carlos Magalhães nos aproximamos, então.

Houve outro momento de aproximação: quando os americanos me negaram o visto de entrada. Antonio Carlos Magalhães decidiu que seria justo que eu obtivesse um visto, já que o Congresso Nacional brasileiro é que estava me indicando para participar de uma sessão da ONU em Nova York. Era necessário que eu fosse. O que ele fez? Decidiu enfrentar o embaixador americano mandando cartas e discutindo. Fiquei bastante comovido, porque Fernando Henrique Cardoso não faria algo assim. Lula não faria. Nenhum faria. É algo que – de fato – me comoveu bastante.

Eu o visitava quando ele tinha aqueles problemas de saúde. Fui ao enterro de Luiz Eduardo na Bahia. Não fiz a última visita ao senador no hospital. Porque eu estava preocupado: ACM estava defendendo Renan Calheiros, o presidente do Senado – e eu era absolutamente contra. Fiquei com medo de a gente pegar uma discussão."

Logo depois dos ataques de 11 de setembro, você declarou: "É importante cooperar com os americanos, sobretudo nesse momento dramático". Em que momento você se livrou do antiamericanismo, se é que você já teve alguma vez este sentimento?

"Nunca tive! Pode ser que, em determinados momentos, tenha sido muito ríspido com a política americana. Pode ser que tenha sido até injusto. Mas, em relação aos Estados Unidos, minha vida foi de eterno diálogo e fascinação. Não tenho nenhuma razão para não considerar os Estados Unidos um país culturalmente importantíssimo, economicamente importantíssimo, militarmente importantíssimo. É um país extraordinário.

Nunca fui antiamericano, o que não significa que concorde com a política que os Estados Unidos desenvolvem em alguns casos. George Bush e seus auxiliares – por exemplo – não expressam para mim o que os Estados Unidos são. Expressam uma parte do que é o país."

Você identifica o antiamericanismo que existe em certas áreas no Brasil como uma herança nociva do governo militar? Afinal, durante muito tempo parte da esquerda identificava os Estados Unidos com o apoio americano ao regime militar brasileiro. A partir daí, nasceu um antiamericanismo em algumas áreas.

"Sempre houve, no Brasil, um antiamericanismo que, na verdade, foi estimulado pela guerra fria – e até pela 'guerra quente'. Uma das piadas que a gente contava falava de um militante do Partido Comunista que tinha sido espancado na Bahia por ter participado de um protesto contra a política americana. O jornal do Partido deu a seguinte manchete: 'Zeca Patriota espancado a mando de Truman!'.

Sempre houve um antiamericanismo. A posição norte-americana em relação ao golpe de Estado no Brasil, o apoio oferecido à ditadura e às políticas americanas, tanto no Brasil como no mundo, contribuíram também para esse sentimento.

Há, no caso brasileiro, outro fator: uma certa rivalidade com o nosso 'irmão do Norte' – forte, poderoso e bem-sucedido. Todos esses fatores se combinam. Mas, no Brasil de hoje, o antiamericanismo tem um peso menor do que em outros países latino-americanos."

UMA BANDEIRA POLÊMICA: USAR O CORPO SEM INTERFERÊNCIA NEM INTROMISSÃO DO ESTADO

Quando voltou ao Brasil, em vez de se ocupar dos temas clássicos que mobilizavam as raposas políticas na época da redemocratização, como a unidade das oposições, por exemplo, você preferiu jogar todas as fichas em temas como a chamada política do corpo, o direito das minorias, o combate ao machismo, a defesa da ecologia. Que herança esses temas deixaram hoje? O brasileiro é menos machista?

"Quanto ao combate ao machismo, houve uma evolução considerável e identificável. Quando tratávamos dessa questão na volta ao Brasil, as mulheres estavam morrendo ainda, assassinadas pelos maridos. Aceitava-se a tese da 'legítima defesa da honra'. A campanha *Quem ama não mata* começou a questionar o poder de o marido matar a mulher, ainda que houvesse um caso de infidelidade. A visão da 'legítima defesa da honra' foi banida da Justiça brasileira – um avanço enorme!

Houve um avanço, verificável, na presença de mulheres em cargos públicos. Aconteceu a ascensão de mulheres em inúmeras situações em que, antes, elas não estavam tão presentes. O próprio machismo, aliás, começou a ser estigmatizado: passou a ser visto com uma tolerância menor do que a que existia antes.

Os avanços foram extraordinários na área da ecologia. Quando chegamos ao Brasil, a ecologia era marginal. Diziam: 'É coisa de europeu!'. Primeiro, foi preciso vencer a batalha com a própria esquerda. O que se dizia era: 'Em um país em que existe fome, não faz sentido falar de ecologia!'. Era preciso romper essa batalha e dizer: 'Mas a sobrevivência do meio ambiente significa a sobrevivência de todo mundo!'. Queríamos mostrar que existem problemas ecológicos que são decorrentes da pobreza, como a falta de saneamento básico e a desertificação, por exemplo. Não há, portanto, uma dicotomia tão clara entre a questão social e a questão ecológica: são, na verdade, temas correlatos. Tentei unificar estas discussões na campanha que fiz para o governo do Rio, nas eleições de 1986, pelo Partido Verde.

(A eleição para o governo do Rio em 1986 foi a primeira de uma série que Gabeira viria a disputar. Três anos depois, lança-se candidato a presidente da República, pelo minúsculo PV, na primeira eleição direta realizada para o cargo desde 1960. A candidatura, simbólica, colhe uma votação irrisória: 125.785 votos. A partir de 1994, é eleito para sucessivos mandatos como deputado federal. Tenta de novo um cargo executivo em 2008, nas eleições para prefeito do Rio. Acontece o que ninguém esperava: vai para o segundo turno contra o candidato do PMDB, Eduardo Paes. Perde por uma diferença de 55.225 votos: 1.696.195 votos contra 1.640.970.)

Quanto às minorias sexuais, as passeatas pelo orgulho gay se transformaram nas maiores manifestações de massa no Brasil moderno.

Todos esses temas progressivamente se instalaram na sociedade. Vão ganhando a agenda política. Mas é importante ver que o *timing* brasileiro não é o mesmo de outros países. Como enfrenta uma série de problemas, o Brasil exibe, também, certa lentidão. Por exemplo: o Brasil teve certa lentidão na hora de processar a queda do muro de Berlim! Há fatores que contribuem para que nem tudo ande tão rapidamente. Mas, quando anda, tudo anda bem.

Valeu a pena ter levantado aquelas questões, até porque eu já não tinha condições de falar de política usando uma linguagem que me parecia excessivamente ancorada no passado."

O que é, exatamente, a "política do corpo", a que se deram tantas definições? É o exercício da felicidade "aqui e agora"?

"O que eu estava querendo expor, ao me referir à 'política do corpo', era a possibilidade de cada um usar o próprio corpo sem a intromissão e a interferência do Estado. Falava da capacidade do indivíduo.

A preocupação, também, era mostrar que a visão clássica – a do corpo separado totalmente do espírito – tinha de ser superada. Corpo e espírito, pelo contrário, se definiam, se entrelaçavam e se influenciavam mutuamente. Não se podia separar um do outro. Além de tudo, havia lutas concretas sobre questões como o aborto, o uso de drogas ou a orientação sexual. Eram, todas, questões que estavam ligadas ao uso do corpo.

A principal preocupação era de fazer com que o Estado se mantivesse distante dessas questões e, portanto, deixasse o indivíduo escolher.

Havia, ainda, a preocupação de questionar os tipos de alimentação, para saber se a maneira como as pessoas comiam não estaria contribuindo para uma série de doenças e, até, para um processo prematuro de decadência. Uma alimentação diferente poderia destruir menos o meio ambiente e ser mais saudável. O que estava em jogo, portanto, era a alimentação, a maneira como o corpo se movia e era usado. Eram fatores que pareciam importantes.

Deve-se falar da 'política do corpo', também, na hora de tratar dos avanços. Hoje se vê uma sociedade mais atenta ao exercício físico, às mudanças de hábitos, à beleza pessoal, à própria possibilidade de cada um se alterar pessoalmente."

Depois do grande sucesso de *O que é isso, companheiro?*, um livro que marcou época por mostrar que era possível falar de militância política com um texto prazeroso e uma narrativa leve, houve uma briga com Ziraldo, que – de certa maneira – foi responsável por relançar você no cenário político brasileiro ao publicar no *Pasquim* uma longa entrevista feita em Paris. Tempos depois, Ziraldo chamou você de "um individualista, capaz de ir até a morte para realizar o desejo de se destacar dos seus semelhantes". O que foi que houve?

"Não sei se chegaria até a morte para me destacar dos meus semelhantes. Não é uma tática prudente. Não é prudente me destacar.

O que houve foi o seguinte: deve ter sido o fato de que

mandei, para a contracapa do livro *O que é isso, companheiro?*, uma foto que tirei na Suécia, em que estava de macacão, sem camisa. Ziraldo disse que homem não usava macacão sem camisa. O pai de Ziraldo não iria receber bem uma foto assim. Eu disse: 'O que é que posso fazer? Já mandei a foto, você publica ou não publica, mas não tenho o que fazer'. Depois, fizemos as pazes.

Hoje, ele não deve pensar tão radicalmente. Se ele já pensou que eu seria capaz de ir até a morte para me destacar, pelo menos deve reconhecer hoje que não cheguei a esse extremo.

A foto não saiu."

Você participou de um marco importante da redemocratização: a primeira eleição direta para presidente da República realizada no Brasil depois do regime militar. O tempo que você tinha na TV era curtíssimo. A votação foi pequena. Que lembrança mais marcante você tem dessa campanha?

"Originalmente, eu ia ser candidato a vice-presidente na chapa de Lula em 1989. Mas o Partido Verde achou que eu tinha de ser candidato. Houve a decisão de me alijar.

Há duas coisas fantásticas. A primeira lembrança: durante a campanha, eu não tinha dinheiro para nada, nem para pegar táxi. Não foram poucas as vezes em que fiz campanha de ônibus. Andava de um lugar para outro assim. Quando saía de uma gravação, não tinha dinheiro para ir para casa. Era uma pobreza.

A segunda lembrança: quando eu chegava, cansado, a algum lugar, depois de uma viagem, lá estavam três ou quatro gatos pingados com uma bandeirinha na mão me esperando. A gente, então, pensa: 'Meu Deus, agora tenho de começar tudo de novo...'. Era uma espécie de sacerdócio: voar de um lado para outro num Brasil imenso. Nada, ali, se assemelhava a uma campanha presidencial. Parecia, sim, um sacrifício pela causa.

O pior é que um sacerdote sempre considera que o que faz é algo útil. Mas, já naquele momento, eu não tinha a sensação da utilidade daquela campanha para mim. O resultado é que aquela foi a última campanha que fiz com aquela característica: a de fazer propaganda do partido, sem qualquer preocupação com o resultado."

Os oposicionistas que permaneceram no Brasil durante o regime militar – como Ulysses Guimarães e Tancredo Neves, por exemplo – decepcionaram ou animaram você, quando você os conheceu pessoalmente na volta do exílio?

"Dos oposicionistas que ficaram, figuras como Tancredo Neves, Ulysses Guimarães e todos os outros, nenhum tinha um grande apelo para nós.

Nós os víamos como figuras que estavam – de certa maneira – legitimando a ditadura através de uma prática política consentida. Nunca foram valorizados. Com o tempo, depois que voltamos do exílio, conhecemos um pouco melhor a intervenção do Ulysses Guimarães, por exemplo. Passei a ter um respeito maior. Conversava com ele de vez em quando.

Uma vez, pedi a Ulysses Guimarães para fazer uma intervenção no plenário da Câmara dos Deputados sem gravata. Passei um bilhetinho: 'Preciso entrar no Plenário sem gravata'. Ulysses estava na presidência da Câmara. Olhou pra mim e fez o gesto: 'não!'. Era uma figura!

A última lembrança que tenho de Tancredo Neves e Ulysses Guimarães juntos não é uma lembrança altissonante, mas é bastante humana.

Ao lado de Paulo Sérgio Pinheiro e outros, participei de um grupo que tratava de direitos humanos. Quando Tancredo Neves foi eleito presidente da República, nos recebeu para que falássemos sobre direitos humanos e sobre o que é que a gente esperava. Fomos conversar com os dois: Tancredo e Ulysses.

Não é que, depois de cinco ou dez minutos, observei que os dois estavam dormindo? Não sei se era o tema direitos humanos, se era a maneira como a gente apresentou ou se era o cansaço que eles estavam enfrentando no período. Mas os dois velhinhos estavam dormindo.

Com o secretário-geral do Partido Comunista, Luís Carlos Prestes, não tive uma relação pessoal. Mas soube que ele não falava bem de mim. Dizia que eu estava falando de prostitutas. Estava elegendo, como pessoas dignas de serem organizadas, gente que nem sequer pertencia à classe operária.

Como tinha a visão clássica da classe operária, Prestes achava que ideias como as minhas dispersavam o centro da questão. Ainda assim, a gente mantinha contato. Dei, para um filme, um depoimento sobre a importância histórica que Prestes teve. Mas ele não compreendeu o que eu fazia. Talvez fosse pedir muito, esperar que ele compreendesse tudo, depois daquela vida e daquele fechamento.

Eu tinha trabalhado em um jornal de Brizola, chamado *Panfleto*, antes de 1964. Os colegas de trabalho estavam próximos do Grupo dos 11, um movimento organizado por Brizola. Mas, nesta época, não cheguei a conhecê-lo pessoalmente. Só vim a conhecê-lo na volta do exílio. De vez em quando, havia uma troca de farpas, decorrente da luta política.

A imprensa, por exemplo, achou que ganhei o debate contra Darci Ribeiro (PDT) e Moreira Franco (PMDB), na eleição de 1986 para o governo do Rio. Brizola disse, então, que eu era um ator, cínico, enquanto os outros eram políticos. Depois, estivemos juntos na Campanha das Diretas e também no apoio à candidatura de Lula no segundo turno da eleição para presidente de 1989.

Aproximei-me de Brizola. Quando ele já estava no segundo mandato de governador, eu, que era correspondente do jornal *Zero Hora* no Rio, passei a acompanhá-lo, porque havia interesse sobre ele no Rio Grande do Sul. Quando eu ia visitá-lo, ele me oferecia um almoço. Eu o acompanhei até o momento da morte de Dona Neusa (*mulher de Brizola*). Sempre escrevia sobre ele. O interessante é que, ao longo desse período, não houve nenhum conflito entre nós dois.

Nunca reclamou de nada. Mas sempre achei que Brizola era ancorado num nacionalismo dos anos 1950, com aquele discurso sobre 'perdas internacionais'. Era um homem até certo ponto conservador.

Nunca me aproximei politicamente de Brizola ao ponto de

uma participação partidária, porque via o PDT como um partido flexível em termos da entrada de pessoas que, teoricamente, não teriam nada a ver com aquele ideário."

Quando os exilados voltavam, estava explodindo uma novidade na área política do Brasil: a ascensão do movimento sindical no ABC Paulista. Por coincidência, uma de suas tarefas logo antes de ser preso era a de mobilizar os metalúrgicos de São Paulo... Qual foi o primeiríssimo contato que você teve com Lula metalúrgico? Lula deu a você, nesta época do movimento sindical no ABC, a impressão de ser aquele operário voluntarista, não muito politizado, que tinha até uma certa hostilidade com a esquerda, com os comunistas e se sentia usado por eles? Você teve essa impressão?

"Não. A novidade já estava inscrita na nossa história. Quando resistimos ao governo militar, o movimento era basicamente de estudantes, mas, já em 1968, houve duas greves importantes – uma em Osasco, outra em Contagem – que apontavam para esse caminho.

Enquanto o processo ia avançando e as multinacionais se instalavam no Brasil, criou-se um novo proletariado urbano que não tinha medo do chamado 'exército industrial de reserva', porque era mais especializado e mais bem pago.

Era evidente que este novo proletariado iria substituir os estudantes na vanguarda e na liderança do movimento de oposição. Já estava inscrito ali naquele período. Era o que a gente achava. Tanto é que fui para São Paulo, para organizar.

Comecei a conversar com trabalhadores organizados, para ver o que era possível. Um trabalhador era o meu contato para ver o que era possível fazer não só em termos de adesão ao movimento armado, mas também em termos de orientação ao movimento social.

Quanto ao PT, eu tinha uma impressão muito positiva. Numa entrevista ao programa *Abertura*, feita em Paris, com Roberto D'Ávila, disse: a novidade que existe no Brasil é o movimento sindical. Nesta entrevista, não sei por quê, eu estava com meias de cores diferentes. Dentro desse movimento sindical, o PT era o caminho que me parecia novo no Brasil. Sempre mantive essa impressão.

Tanto é que todos os que vieram do exílio foram se aproximando da experiência. Só não podia me aproximar – e fui questionado várias vezes – porque eu estava com uma ideia diferente: o movimento sindical é novidade, mas a questão ecológica vai ter outro papel. Não podia abandonar a minha área."

Você teve a visão de Lula como um operário puro?

"Não. Meu primeiro contato com Lula se deu já em 1985, 1986, quando fui candidato ao governo do Rio. Fui a São Paulo. Há uma foto em que estamos eu, Eduardo Suplicy e Lula, atrás, numa entrevista coletiva. Eu tinha tirado os sapatos. Lula – com uma barba muito mais densa, muito mais preta – era uma pessoa aparentemente muito mais indignada e raivosa com a injustiça social no Brasil. Veio ao Rio, para apoiar

> Fui indicado para ser vice de Lula, na eleição para presidente em 1989. Fui rejeitado, porque não era 'macho' o suficiente.

minha candidatura. Depois, fui indicado para ser vice de Lula, na eleição para presidente em 1989. Fui rejeitado, porque não era 'macho' o suficiente. Também falaram daquele negócio de maconha. Depois, fiz uma longa viagem com Lula, na Caravana da Cidadania. Tive uma impressão muito boa sobre ele.

Mas houve, ali, momentos em que talvez a nossa amizade não pudesse evoluir. Depois da quebra do monopólio das telecomunicações, ele me convidou para o Congresso do PT. Fez um discurso dizendo que gostava de mim, tinha de dar apoio. Militantes me vaiavam por causa da quebra do monopólio das Telecomunicações. Estavam perguntando pelo telefone celular: 'Você disse que as pessoas vão ter telefone celular! Quero ver!'.

Respondi: 'O caminho é esse. Se vão ter telefone celular ou não, eu acho que podem ter. Mas não garanto...'.

Houve um episódio que só reconstituí depois. Aconteceu durante uma visita a uma fábrica de papel da Klabin, no Paraná, no início da campanha presidencial de 1994. Lula fez a visita já como candidato. Eu estava na comitiva como jornalista. Não estava ainda comprometido com a campanha. Lula entrou na fábrica. Determinaram quem podia entrar e quem não podia. Agora, os Klabin mudaram e avançaram. As coisas são outras. Mas, ali, eles supunham que eu, como ecologista, poderia denunciar alguma coisa. Fiquei perplexo, mas permaneci do lado de fora. Falei: 'Lula não se importou muito...'.

Não faz tempo, recebi uma carta de um ex-diretor da fábrica – que tinha acompanhado o processo. Disse-me: é importante que você tenha se distanciado de Lula porque, naquele dia, eu, como diretor, vi que Lula começou a rir com as pessoas: 'Deixem Gabeira com seus brinquedinhos do lado de fora...'. Os brinquedinhos eram minhas duas câmeras fotográficas.

Ficou evidente que Lula fazia um jogo duplo. Comigo, dava uma impressão de ter uma relação. Mas, quando se colocava a relação com um empresário e as pessoas que estavam com ele, Lula se distanciava."

Você chegou a ter, antes, uma conversa pessoal com ele sobre o fato de você poder ser candidato a vice-presidente?

"Não. Porque Lula sempre se esquivou. Ficava mais distante. Lula nunca teve, a não ser nesta referência, nenhuma manifestação de simpatia ou de apoio ou de hostilidade.

Hoje, ao avaliar melhor o conjunto da experiência, já posso dizer que o caráter de Lula é um pouco problemático porque, em determinadas circunstâncias, ele assume posições puramente pragmáticas, destinadas a cumprir um papel. Fala o que é preciso falar no momento, sem nenhuma preocupação de coerência nem com o passado nem com o futuro e nem com a realidade."

Num certo momento, quando aparecia como fenômeno político, ainda nos tempos de líder sindical, Lula se sentia paparicado por estudantes, intelectuais e políticos. Você – de alguma maneira – participou dessa corte toda?

"Nunca fiz corte. Eu me sinto culpado por ter criado uma espécie de barreira defensiva em torno de Lula, a cada vez que ele era criticado pelas bobagens que dizia. Em vez de examinarmos intrinsecamente o que ele dizia, acusávamos as pessoas de terem preconceito contra o operário e contra quem não era educado. Acabamos criando uma barreira defensiva que permitiu que uma visão rudimentar do mundo terminasse triunfando e hoje fosse uma visão praticamente oficial."

Você uma vez escreveu, depois de participar de uma caravana que passou por vários estados: "Lula comeu o pão que o diabo amassou, mas não ficou amargo". É essa a impressão pessoal mais marcante que você teve de Lula, independentemente das divergências políticas?

"Assino embaixo ainda hoje, passados tantos anos. Lula teve dificuldades na vida, a biografia é conhecida. Mas é uma pessoa com esperança, com vontade de viver, é alguém que tem uma série de atrações interessantes pela vida. Pode ser que as atrações não sejam as minhas, mas – de qualquer maneira – é uma ligação com a vida bastante boa.

Conseguiu superar as dificuldades da infância, a ponto de se tornar um líder sindical de grande envergadura, um líder político importante. É talvez o líder político que, no fim do século xx, teve mais expressão no Brasil. Se não é feliz, é porque ninguém consegue superar todos os fantasmas. Sejam fantasmas de lembranças, sejam fantasmas de complexos. Mas é uma pessoa bastante próxima da felicidade e de uma vida boa."

Qual foi o último contato que você teve com ele, antes do rompimento? Aconteceu na gravação de cenas para a campanha eleitoral na TV com os intelectuais?

"Tive um contato rápido com ele. Passava com a mulher e me cumprimentou. Eu me lembro também de tê-lo cumprimentado, na Câmara, uma vez que ia apoiá-lo. Nessa noite, já achei que Lula estava estranho. Quando o cumprimentei, senti que ele tirou a mão muito rápido. Havia alguma coisa. Aconteceu nas vésperas das eleições. Lula já sabia que ia ganhar. Depois, quando eles chegaram ao governo, senti que havia uma decisão clara de me excluir e me marginalizar. O último contato foi quando Lula, já eleito presidente, me cumprimentou ao chegar à Câmara dos Deputados. Nunca mais o vi. Nunca mais conversei com ele."

Quando é, exatamente, que começou a azedar a relação com José Dirceu? *(Líder estudantil preso pelo regime militar e libertado em troca do embaixador americano.)*

"A relação com José Dirceu nunca foi muito doce. Mas não é que tenha azedado. José Dirceu tinha má vontade em relação a pessoas que estavam apenas momentaneamente no Partido dos Trabalhadores.

Quando meu nome foi lembrado – e negado – como candidato a vice na chapa de Lula em 1989, ele disse algo como 'precisamos acabar com esse gabeirismo dentro do partido, essa onda de simpatia com ele'. Já havia, portanto, uma certa hostilidade, não explícita. Você não podia sentir no nível pessoal.

José Dirceu também é extremamente ligado aos cubanos e a uma visão de esquerda latino-americana. Estou claramente distante de tal visão há tempos.

De vez em quando, critico Lula. De vez em quando, o elogio. Não tenho, em relação a Lula, nenhum sentimento especial de hostilidade nem de simpatia. É – pura e simplesmente – alguém cuja limitação ficou, para mim, evidente. José Dirceu nem menciono. Não tinha relações com ele. Hoje, trabalha como empresário e consultor. É o destino de todo burocrata comunista: transformar-se em um grande empresário."

**Interior. Noite. Mar à vista!
Nosso personagem faz uma navegação
pelo território das ideias: um decálogo
de constatações, descobertas e provocações.**

Ao relatar um encontro com Daniel Cohn-Bendit, você disse: "A história não teve um curso brilhante como imaginávamos. Com o declínio dessas belas esperanças, tivemos de olhar nosso próprio papel de uma maneira menos inflacionada". Qual foi a maior decepção e a maior alegria que a história deu a você, pessoalmente, nas últimas décadas com a militância?

"Tive uma grande decepção e tristeza com a instalação da ditadura militar no Brasil. Houve outras situações

"O Brasil não é um país cartesiano. Aqui, a presença do que parece absurdo e inédito é comum.

históricas dramáticas, mas aquele foi, para mim, um elemento de tristeza. Porque fomos derrotados. Uma época ruim iria começar. Tudo que eu achava que era bom foi deixado de lado.

Um momento de grande alegria foi o dia da volta ao Brasil. Igualmente, a notícia que recebi quando era porteiro noturno no hotel de Estocolmo: a de que poderia voltar. A alegria foi grande porque o exílio é vivido na esperança de uma volta. Há outros momentos importantes e de peso. A queda do muro de Berlim foi emocionante."

A queda do muro de Berlim, em novembro de 1989, foi motivo de espanto ou de alegria para você?

"Para mim, foi motivo de alegria. Eu tinha vivido na Alemanha: já tinha uma visão crítica não apenas do socialismo soviético, mas de todo o socialismo. Quando caiu o muro, estava trabalhando como jornalista. Fui para a Europa com minha família para viver a experiência.

Ainda assisti ao fim daquela guerra fragmentada da Iugoslávia. Fui à Croácia, à Eslovênia. Assisti também à queda do Império Soviético nos países bálticos. Tudo foi motivo de muita alegria, porque eu achava que aquilo era o passado.

O muro era indefensável, ainda no período do exílio. Nós cruzávamos o muro. Quando estive, clandestino, na Alemanha, cruzava o muro para comprar livros. Quando cruzava o muro em direção à Alemanha Oriental, era como se entrasse no mundo dos mortos."

O futebol aparece em dois momentos importantes das aventuras que você viveu, como se fosse um sinal de que aquilo tudo só podia estar acontecendo no Brasil. Numa pelada que você chegou a disputar no presídio, meses depois de ter sido preso e baleado, você sofreu uma hemorragia no pé. Depois, quando voltou do exílio, cruzou com a delegação do Flamengo no avião. Você já teve a tentação de ver o Brasil como aquele lugar "idílico" em que as coisas terríveis, como a violência, vêm temperadas por algum traço anedótico?

"Não. Mas o Brasil não é um país cartesiano. Tentar enquadrar o país numa visão cartesiana é sempre difícil. O Brasil escapa, porque, aqui, a presença do que parece absurdo e inédito é comum. O resultado é que você tem de estar preparado.

'Cem anos de solidão' é a expressão de alguém que acha que na Colômbia coisas absurdas se passam também. Já vi povos que têm algo parecido com um traço importante que temos: o humor. Não temos o humor dos ingleses, mas temos um humor que desarranja situações sérias.

Quando eu estava no presídio, aqui no Brasil, antes de partir para o exílio, participei de uma pelada. Mas tive um ferimento no tornozelo. A recuperação foi difícil, dentro da cadeia, talvez porque eu tivesse passado por uma operação."

Depois de constatar que o fim do socialismo deixou um enorme vazio, Eric Hobsbawm diz: "Há um vasto espaço para o sonho, mas há também o perigo de que esse espaço seja preenchido por um tipo errado de sonho: por sonhos nacionalistas, por sonhos racistas, por sonhos de ressurreição de religiões fundamentalistas". Que sonho faria você erguer uma barricada, hoje?

"Que sonho eu combateria? O fundamentalismo é um sonho problemático.

A história vem mostrando que existem, na América Latina, tentativas de reproduzir a experiência do socialismo, como é o caso do Hugo Chávez, na Venezuela, Evo Morales, na Bolívia, ou Rafael Correa, no Equador. Pergunta-se: até que ponto a tentativa de introduzir um sistema historicamente condenado num outro momento histórico não é uma aberração?

Além do fundamentalismo e do socialismo, sonhos perigosos de pureza racial estão, todos, aí. Resistem. O fundamentalismo é um elemento vital no mundo de hoje. Não só o fundamentalismo, mas a suposição de que, através da religião, vai ser possível resolver problemas políticos. Ou seja: fazer uma leitura religiosa dos problemas políticos.

O fundamentalismo existe no Oriente, mas também em expressões como as de George Bush, que, em certos momentos, disse que falava com Deus e estava levando uma visão cristã. São tipos de fundamentalismo que me parecem perigosos.

"O capitalismo não conseguiu resolver a promessa que tinha em relação ao feudalismo: a de cada um poder buscar o trabalho onde quiser.

O racismo é igualmente perigoso. O que é que se vê hoje? Os capitais, o dinheiro e as mercadorias circulam livremente, mas os trabalhadores ficaram comprimidos. Não podem ir de um lado para o outro. O capitalismo não conseguiu resolver a promessa que tinha em relação ao feudalismo: a de cada um poder buscar o trabalho onde quiser. Isso provoca reações racistas e perigosas. São os perigos que vejo."

O que você diria, hoje, a um jovem de vinte e poucos anos que, a exemplo do Fernando Gabeira que via as manifestações da sacada do *Jornal do Brasil*, tivesse vontade de se engajar politicamente para mudar o mundo ou mudar o Brasil?
"Desconfio de todo velho que diz alguma coisa para um jovem de vinte anos. Se dissesse alguma coisa, o jovem teria toda razão de desconfiar. Há coisas que não adianta dizer: cada um deve vivê-las por si próprio.

Ainda há uma esquerda estudantil, ainda há uma esquerda pensando em mudar, mas, hoje, as coisas não são tão claras, porque o socialismo – que era referência – já mostrou o que é.

O jovem de vinte anos que queira transformar radicalmente o mundo hoje enfrenta dificuldade. O que existe é um pragmatismo maior. Já não há uma prisão aos mestres pensadores que ensinam todos os caminhos. Não há nenhum script de mudanças válido.

O jovem hoje pode, então, ter uma esperança pontual: 'Quero ajudar a salvar o meio ambiente', por exemplo. Mas hoje é tudo fragmentado: já não existem os grandes roteiros de transformação. Há pequenos sonhos. Diante de qualquer sonho, um caminho é dizer: 'Vá viver, vá descobrir'."

Uma vez, você se perguntou num texto: "Gosto sempre de me perguntar: por que as forças da justiça e do progresso não triunfam mais rápido? Se o bem é tão cristalino, não evolui de uma forma avassaladora?". Você já descobriu a resposta?

"A pergunta tem a mesma característica de outra que é feita frequentemente: se Deus existe, por que há tanta desgraça no mundo?

Os roteiros de transformação que nós temos, assim como as ideias sobre o bem e a justiça, precisam ser revistos sempre.

O que acontece é que a gente espera muito desses roteiros de transformações. Mas descobre que há alguma coisa de errado quando a ideia do bem e da justiça pressupõe um tipo de ser humano idealizado que não se encontra na realidade."

Em *Diário da salvação do mundo*, você fez uma espécie de profissão de fé otimista: "Entre falar das misérias do presente e do potencial do futuro, talvez seja melhor optar por este último, localizar os pontos mais positivos do cotidiano, projetá-los para a frente, compreender que, por pior que seja a vida, o desejo de mudá-la significa a introdução de um elemento subjetivo novo, cuja simples existência é um dado de felicidade num vale de

"Já não existem os grandes roteiros de transformação. Há pequenos sonhos.

lágrimas". Quais são os "pontos mais positivos do cotidiano" que Gabeira identifica no Brasil de hoje, quarenta anos depois de 1968?

"O primeiro ponto é o aprofundamento da democracia que, hoje, no Brasil, é muito mais sólida do que no passado. É mais sólida do que em países vizinhos. Demos um grande passo, como se estivéssemos coroando um caminho de duzentos anos em busca da democracia.

A justiça social sempre foi um grande desejo. O Brasil é um país que vive, ainda, com uma grande disparidade de rendas e de recursos. Mas é uma disparidade que nos últimos anos foi combatida – no governo de Fernando Henrique e, mais acentuadamente, no governo Lula.

Uma questão fundamental é a ecológica. Como preparar o Brasil para o que vem por aí? Como retirar proveito do grande potencial brasileiro? A luta sobre direitos humanos é permanente.

O trabalho de direitos humanos no Brasil quer proteger o indivíduo contra a violência do Estado, como, por exemplo, no caso da menina que foi deixada numa cela no Pará ao lado de presos comuns. Eis um caso típico de direitos humanos desrespeitados pelo Estado.

Ao longo desse período, no entanto, formou-se um crime organizado que exerce domínio territorial sobre parte das cidades e pratica uma grande opressão sobre os moradores. Não tivemos a capacidade de incluir esta questão na agenda dos direitos humanos!

Vem daí a grande dúvida da sociedade sobre a nossa since-

"Há alguma coisa de errado quando a ideia do bem e da justiça pressupõe um tipo de ser humano idealizado que não se encontra na realidade.

"Formou-se um crime organizado que exerce domínio territorial sobre parte das cidades e pratica uma grande opressão sobre os moradores. Não tivemos a capacidade de incluir esta questão na agenda dos direitos humanos!

ridade: 'Vocês só trabalham quando se trata de um indivíduo atingido pelo Estado? Por que não trabalham quando se trata de um indivíduo atingido pelo crime organizado?'.

É uma lacuna que terá de ser respondida de alguma forma. Há resistência, por exemplo, na hora de aderir a uma manifestação pela morte de um policial que tenha perdido a vida em serviço. É algo que não existe hoje, ainda, no movimento de direitos humanos. Mas o movimento cresceria se pudesse se reaproximar da sociedade.

O que a sociedade diz é claro. É o que ela diz historicamente para a esquerda: 'Direitos humanos existem dos dois lados!'. A esquerda é hábil em discutir direitos humanos quando se trata de um desrespeito cometido por um país capitalista, mas, quando se trata de um desrespeito em um país socialista, o silêncio baixa.

Quando houve o caso da prisão de setenta e tantos intelectuais em Cuba, tentei fazer uma campanha aqui. A repercussão era mínima: não havia nenhuma possibilidade de criar um verdadeiro movimento de solidariedade àqueles intelectuais."

Quem consome maconha geralmente reage com irritação quando alguém aponta o dedo e diz: quem usa droga financia a violência, porque o dinheiro, em última instância, vai para o bolso do traficante. Você já se sentiu socialmente culpado por ter consumido maconha?

"O tema merece um tratamento respeitoso. O argumento é muito forte. Em primeiro lugar, existe o argumento de que não se deve consumir algo que é produzido ecologicamente de uma forma inadequada.

Há o argumento de que não se deve – por exemplo – consumir um tênis que foi produzido com a ajuda de trabalho infantil ou com mão de obra barata.

É mais razoável ainda dizer: não se deve produzir, não se deve consumir alguma coisa que é vendida clandestinamente e ocupa o centro desta violência. Não se considera, mas essa crítica nasceu entre os próprios consumidores de maconha. Porque a maconha é a única droga que tem condições técnicas e culturais de se libertar desse ciclo.

Hoje, existe uma tecnologia capaz de permitir que você plante maconha onde quer que queira, inclusive numa gaveta de armário. Entre os consumidores de drogas, os que têm melhores condições de superar o impasse são os usuários de maconha.

Precisaríamos de um entendimento no sentido de que o plantio pessoal, como é na Holanda hoje, não fosse criminalizado. A venda seria criminalizada, mas o plantio pessoal não. Nossa lei, no entanto, não abre margem, não permite.

As campanhas morais sobre os consumidores esbarram também numa tentativa de culpá-los unicamente. Ninguém examina se a política repressiva também não é um fracasso. Não foi um gasto de dinheiro equivocado ao longo desses anos? Todos têm de ser responsabilizados nesse processo: do consumidor até o formulador de uma política que não se preocupa em saber se ela é adequada ou não, se vem dando certo ou não."

O consumidor tem uma dose de responsabilidade?
"Claro! Todos têm culpa, inclusive quem consome. De qualquer maneira, tenho medo de culpar gente que fica fora do raio. Ou seja: o comércio de drogas não se dá em todas as cidades do Brasil com uma cultura de violência igual à do Rio de Janeiro. O que existe no Rio é a ocupação territorial por parte do tráfico!

Em cidades como Brasília, em que há um comércio de drogas, não há essa cultura, assim como em Curitiba, por exemplo. Mas há uma cultura de violência implícita no comércio da droga."

Você passou da guerrilha para o parlamento. O que é que o Gabeira guerrilheiro clandestino diria ao Gabeira parlamentar engravatado? O que é que o Gabeira parlamentar engravatado diria ao Gabeira, guerrilheiro clandestino, se os dois pudessem, em uma cena delirante, se encontrar?
"Há princípios da guerrilha que podem ser utilizados, sobretudo, numa situação desfavorável. Um dos princípios: dispersar quando o inimigo se concentra e concentrar quando o inimigo se dispersa (risos). É uma compreensão tática que permite obter vitórias pontuais."

Daniel Cohn-Bendit, líder das manifestações de maio de 1968 na França, disse, ainda nos anos 1970, o seguinte: "Em maio de 1968, éramos realistas: desejávamos o impossível. Hoje em dia, não ousamos sonhar nem com o que é possível". Se a saída para superar a sensação de vazio provocada pela ausência de bandeiras "arrebatadoras" e "apaixonantes" é sonhar com o que é possível, qual seria o primeiro sonho que você perseguiria hoje, para não cair na frustração e no vazio?

███████ "Quando a gente tinha um 'sistema completo', sonhava com a palavra 'socialismo'. Isso, hoje, é pó! Você pode colocar outra palavra no lugar de 'socialismo', um outro roteiro, mas não é o melhor caminho. O que é preciso é definir lutas que são possíveis.

Um exemplo: a democracia era uma expressão tática. Usava-se a democracia para chegar à 'ditadura do proletariado'! Hoje, não. É preciso entender a democracia como estratégica. Pensar no aprofundamento da democracia é, então, uma atitude importante.

A justiça social ia ser resolvida através da 'estatização dos meios de produção'. Descobriu-se que esta atitude conduziria à pobreza e à incapacidade. Então, é preciso buscar a justiça social através do progresso.

Quanto ao meio ambiente: o planeta chegou a um ponto em que interferimos tanto na natureza que agora a natureza começa a intervir em nós! Temos de mudar o nosso caminho. Há uma revolução em curso. É uma revolução que não tem a característica religiosa e política do passado. Fomos mudando o padrão energético, para sair do petróleo para a energia solar. Fomos deixando de ver o sistema como um sistema que estimula o consumo de coisas materiais infinitas: estamos

"A democracia era uma expressão tática. Usava-se a democracia para chegar à 'ditadura do proletariado'! Hoje, não. É preciso entender a democracia como estratégica.

" Se você comparar todos os partidos comunistas, com todas as suas estruturas, vai ver que a internet é muito mais ampla e muito mais aberta em todas as direções.

propondo que se recicle. São atitudes que já configuram uma mudança importante.

Caminhamos para um mundo de grande abundância. Mas não é uma abundância de bens materiais: é uma abundância de bens intelectuais e de informação.

Quando era menino, eu tinha como alternativa um filme novo por semana no cinema da minha cidade. Hoje, quem quiser poder ter quinhentos filmes para ver por dia.

Em suma: a possibilidade de você se enriquecer do ponto de vista intelectual passou a ser infinita. Quanto à possibilidade material, basta que se atinja um nível digno."

"A internet – como você diz – fez muito mais do que os partidos comunistas para mudar o mundo. Fez mais para o mundo do que Lênin, porque tem uma estrutura muito mais democrática do que a de qualquer partido comunista." Quem, além de Lênin, você incluiria nesta lista?

"Grande parte dos políticos. Se você comparar todos os partidos comunistas, com todas as suas estruturas, vai ver que a internet é muito mais ampla e muito mais aberta em todas as direções. É claro que uma é um instrumento e outro é um partido criado. Mas a criação desse instrumento alterou todas as condições. A criação da internet alterou as condições em que nós todos nos movemos.

Eis um exemplo da importância da ciência e da tecnologia na transformação do mundo: a internet fez mais pela democracia do que qualquer pretenso revolucionário! Igualmente, a

"Um ministro da Economia da Hungria disse: 'Antes, havia os fanáticos que diziam que o Estado iria resolver tudo. Foram embora. Mas vieram outros fanáticos dizendo que o mercado é que vai resolver tudo!'

pílula anticoncepcional fez mais pela liberdade sexual do que o movimento feminista.

Porque é uma base real que transforma a vida. A pílula anticoncepcional provocou mais avanços do que o ato de queimar sutiãs na rua.

Uma revolução pode ser não apenas silenciosa: pode nem ser percebida imediatamente! Pode passar despercebida. Só com o tempo é que a gente se dá conta. Só hoje – por exemplo – é que a gente se dá conta do que foi a revolução digital. E ainda estamos no meio do caminho."

Havia nas esquerdas a crença de que o Estado resolveria tudo. A história mostrou que esta tese estava erradíssima. Depois, se espalhou a crença de que o mercado se encarregaria de resolver a vida. Você apostaria numa solução mista – um modelo que incluísse o melhor de cada um desses dois extremos?

"Um ministro da Economia da Hungria depois da queda do comunismo continuou trabalhando. Disse: 'Antes, havia os fanáticos que diziam que o Estado iria resolver tudo. Foram embora. Mas vieram outros fanáticos dizendo que o mercado é que vai resolver tudo!'.

O que há na verdade é a combinação desses elementos em cada momento histórico.

Num determinado momento histórico, a presença do Estado na reconstrução europeia foi grande. Décadas depois, veio a primeira-ministra Margareth Thatcher – que opôs uma resistência

"As ideologias do século xx fracassaram porque eram uma tentativa de escrever o script da história e de explicar tudo. Qualquer tentativa de explicar tudo vai esbarrar na realidade – que não é redutível a uma teoria (...) Já não preciso de uma ideologia acabada.

a este princípio, por achar que o modelo estatizante estava esgotado. A fórmula espalhada no início dos anos 1980, a *soi-doisant* neoliberal, chega agora a um nível de esgotamento. Sempre haverá quem pregue a ideia de suprimir um dos dois: o Estado ou o mercado. Mas não haverá a supressão! Em cada momento, as combinações que podem ser feitas entre estas duas forças precisam ser vistas com todo pragmatismo possível."

Para arrematar: o segredo é ter antenas suficientemente capazes de captar, num momento histórico específico, que tipo de combinação deve ser feita?
"É preciso saber que tipo de combinação deve ser feita: se o momento é de privatizar ou se o momento é de nacionalizar. A própria Suécia nacionalizou vários bancos.

O ideólogo vai dizer: 'Eu não disse que é o Estado? A história marcha para o Estado assumir tudo!'. Em outro momento, o ideólogo do mercado dirá: 'Eu não disse que era o mercado? A história demonstra que o mercado regula tudo...'.

A história não mostra nada! Porque a história não tem um sentido. O sentido é comunicado pelas pessoas."

Mangabeira Unger escreveu: "Esgotaram-se as desastrosas aventuras ideológicas do século XX. Não surgiu qualquer ideologia abrangente com a autoridade do liberalismo ou do socialismo clássicos, para mostrar o caminho a seguir agora. Com esse surpreendente silêncio do intelecto e a consolidação da influência norte-americana, uma ordem inquieta desceu sobre o mundo". Uma nova ideologia abrangente – que incorporasse pontos inegociáveis, como a democracia, as batalhas ecológicas e o respeito às minorias, por exemplo – seria bem-vinda, para você?

"Uma das grandes avaliações é: o fato de as ideologias do século XX terem fracassado leva à compreensão de que fracassaram não só porque tinham princípios equivocados, mas porque eram uma tentativa de escrever o script da história e de explicar tudo. Qualquer tentativa de explicar tudo vai esbarrar na realidade – que não é redutível a uma teoria e a uma visão ideológica que explique tudo.

São 'máquinas de ver o mundo' buscando exemplos para suas próprias interpretações... Não deixam o fato respirar, não deixam o fato se desdobrar. É como se os analistas matassem os repórteres. Porque os repórteres esperam para ver como um fato vai se desdobrar: pode ser, pode não ser. O fato, para um repórter, é um fluxo. Para os outros, não. Há os que dizem: 'Tenho esta tese aqui' – e vão colhendo os fatos, como se os fatos fossem caindo em suas cestas.

Não significa que não haverá um entrechoque de ideias e de símbolos. É claro que se pode – por exemplo – ter a ideia de que a crise econômica teoricamente conduzirá ao desemprego e produzirá, em consequência, xenofobia e protecionismo. Mas ninguém pode pegar os fatos e dizer: eles estão caindo aqui na cesta. O grande problema da ideologia é que os fatos, vistos pelos ideólogos, passam a não ter autonomia! São vistos como uma 'decorrência' de um tipo de teoria.

O fracasso das ideologias produziu um sentimento de orfandade. Quem fica órfão ou procura um novo pai ou resolve que já não precisa de um. É o meu caso: já não preciso de uma ideologia acabada, já não preciso saber para onde a história vai marchar.

Sou órfão, mas não procuro um novo pai. Pelo contrário. Já não tenho uma teoria geral. Estou procurando pragmaticamente, em cada momento, tentar achar o caminho. Podemos ter intuições, mas precisamos ser pragmáticos."

**A CÂMERA SE AFASTA AOS POUCOS
DE NOSSO PERSONAGEM.
GABEIRA MEDITA SOBRE O BRASIL,
O PAÍS QUE OSWALD DE ANDRADE
UM DIA DEFINIU ASSIM: "É UMA REPÚBLICA
FEDERATIVA CHEIA DE ÁRVORES
E DE GENTE DIZENDO ADEUS".**

Uma vez, em Moscou, a vinte graus abaixo de zero, diante de um prato de sopa gordurosa, você disse que tentou responder para si mesmo a uma pergunta que lhe perseguia durante anos: o que é ser brasileiro? Qual foi a resposta mais razoável que você encontrou para esta pergunta?

"Sempre perguntei: 'O que é ser um brasileiro? O que é a identidade?'. Hoje, compreendo que a identidade é, em grande parte, inventada. É algo que se cria.

Ao longo do exílio, procurei estabelecer referências entre o que era um brasileiro e o que era um europeu, sobretudo do Norte. As diferenças eram interessantes.

Uma alemã acompanhava aqueles célebres diálogos entre brasileiros: 'Passa lá em casa!'. Disse a ela: a expressão 'passa lá em casa' quer dizer, na verdade, que o brasileiro vai – mas ele não vai. E ela: 'Mas como? Como é que vocês têm esse duplo sentido?'.

Comecei a imaginar também que tais características talvez fossem uma decorrência do próprio período colonial: diante da presença de outra força, você precisa desenvolver uma série de linguagens que não são necessariamente objetivas. É o que pode ter acontecido conosco.

De qualquer maneira, continuo me perguntando o que é ser brasileiro. Ouvi na Câmara dos Deputados alguém dizendo que uma TV pública seria criada para difundir e fortalecer a identidade nacional. Pensei: 'Meu Deus, o que será a tal identidade na cabeça de cada um?'.

Ficava me perguntando: a nacionalidade é uma segunda pele? É possível ser feliz se desfazendo desta condição? Não falo de trocar uma nacionalidade por outra, mas de ignorar esta variável. De certa maneira, dissociar o destino pessoal do destino coletivo – o que é possível, também.

Um elemento decisivo de nossa formação como brasileiros é a mestiçagem. Os brasileiros são mestiços. Incorporamos uma série de traços. Quando se discute o que é 'ser brasileiro' surge um problema: há os que acham que ser brasileiro é se dissociar de uma determinada influência estrangeira – para cair em outra.

Houve em Pernambuco um debate entre Chico Science e Ariano Suassuna – que estava preocupado com a incorporação de americanismos. Falava em nome de uma visão 'nacional'. Mas não sei se a visão de Suassuna é nacional, também. É um outro tipo de incorporação, um outro tipo de 'antropofagismo'.

A Semana de Arte Moderna de 1922 levantou a questão da antropofagia como uma característica brasileira: comer tudo o que vem de fora. Mas a mestiçagem tinha uma característica avançada em relação à antropofagia. Enquanto a antropofagia significa pura e simplesmente comer e incorporar as influências, a mestiçagem significa absorvê-las e criar. Eis uma característica do brasileiro extremamente moderna e extremamente interessante para o mundo globalizado. Se nós pudermos dar ao mundo globalizado alguma coisa culturalmente, é a ideia de que é preciso misturar."

Sobre este tema, você escreveu uma vez: "Não podemos ser alemães, nem americanos do Norte, nem hindus: estamos condenados a singularidades". Que modelo externo, hoje, serviria para o Brasil?

"Não necessitamos nos identificar necessariamente com um ou outro modelo, mas procurar absorver o que cada modelo pode nos dar. Um exemplo: tivemos um modelo de tratamento da questão das drogas similar ao norte-americano. Agora, estamos olhando para o que a Europa faz.

Nós estamos condenados à singularidade, mas dentro do espírito da mestiçagem. O Brasil vai ser um grande país mestiço. Os Estados Unidos, por exemplo, também têm essa característica. Mas basta ver a nossa política externa: é completamente diferente da americana. O pilar da nossa política externa é a paz. Somos mais voltados para um *soft power* do que para um *hard power*.

Quando o Brasil enviou tropas para o Haiti, fez um trabalho diferente. Por quê? Porque havia conversa, jogava-se futebol com os moradores, estabeleciam-se relações pessoais. O Brasil dificilmente seria uma réplica dos Estados Unidos – ocupando espaços e tentando levar a democracia na ponta da baioneta. É um país voltado para uma 'influência suave'."

Se pudesse definir o Brasil em uma só palavra, que palavra você usaria?

"Gigante. Mas deitado. Em duas palavras: 'Gigante deitado'."

Dificilmente haverá outro país que viva num pêndulo tão frequente entre euforia e depressão quanto o Brasil. Num momento, como nas palavras de Darcy Ribeiro, o Brasil pode ser o belo laboratório de onde surgirá um país novo, um colosso original no sul da América. Em outro momento, o Brasil é eternamente visto como aquele país satélite secundário, cruel, um gigante deformado que não consegue se pôr de pé. Você experimenta pessoalmente esse pêndulo?

"Não, porque o pêndulo, na verdade, expõe faces de uma mesma moeda. O que se vê, aí, é a insegurança brasileira, o complexo em relação a outros países do mundo. Do ponto de vista dos recursos naturais, o Brasil é uma potência. É algo inevitável: não adianta negar. Mas o país ainda tem diante de si um caminho longo, não só do ponto de vista de justiça social, mas também do aperfeiçoamento político.

O Brasil tem passado por avanços semelhantes aos que outros países viveram. Nada na nossa história indica que o Brasil vá ser uma exceção. Tudo indica que vamos marchar para uma democracia cada vez melhor. Idem quanto à superação das injustiças sociais, porque, ao longo do processo democrático, o país tem observado uma modesta, mas crescente, distribuição de renda.

As formulações de Darcy Ribeiro são interessantes e estimulantes, mas trazem um pouco de delírio.

De qualquer maneira, os que negam o potencial do Brasil estão fora da realidade."

O PASSADO MANDA LEMBRANÇAS. NOSSO PERSONAGEM FAZ UMA ÚLTIMA CAMINHADA PELO *BOULEVARD* DA MEMÓRIA

A tarde avança. O trajeto da montanha-russa vivida por Gabeira vai se desenhando com toda a clareza. Primeiro: o mergulho na militância armada para enfrentar o sufoco no regime militar. Depois: o duro exercício de reavaliar velhas crenças. Hoje, cultiva uma certeza: nem os "fanáticos pelo Estado" nem os "fanáticos pelo mercado" estão certos. O grande exercício a ser feito é saber dosar, em cada momento histórico, qual é o peso do Estado e qual deve ser o peso do mercado. Ninguém precisa de uma Grande Tese que explique a marcha da história. Porque, cedo ou tarde, os fatos se encarregarão de desmentir espetacularmente as teorias. Por fim: qualquer que seja a crença, há um valor inegociável: a democracia, sem adjetivos. Ponto.

O ex-guerrilheiro dá os primeiros sinais de cansaço. A expedição já dura horas, com um curto intervalo para uma refeição.

A câmera do "filme que nunca foi feito" terá tempo de flagrar uma última caminhada de nosso personagem pelo *Boulevard* da Memória. Como se repetisse o final clássico de tantos filmes de aventura, a câmera vai se elevando lentamente, enquanto o personagem principal caminha por uma rua deserta.

Gabeira falará sobre a descoberta da militância política e do trabalho jornalístico, a convivência com o ator Paulo César Peréio, a proposta que ouviu do cantor Tim Maia, os insultos que lhe são feitos, a autocrítica no caso do uso indevido de passagens aéreas da Câmara dos Deputados e os personagens inesquecíveis que encontrou.

Gravando!

Onde é que você estava no dia 31 de março de 1964, quando houve o golpe que marcou essa geração inteira?

"Já estava no Rio. Nós morávamos no número 200 da rua Barata Ribeiro. Eram cinco jornalistas morando ali: eu, Moacir Japiassu, Luís Adolfo Pinheiro, Antônio Beluco Marra e José Nicodemus Pessoa, o Pessoinha.

Depois, Pessoinha me garantiu uma grande crônica, porque era apaixonado por uma mulher que limpava o apartamento. Chama-se Graúna. Fiz um grande trabalho sobre o amor de Pessoinha pela Graúna. Mas Pessoinha se apaixonava por todo mundo.

Quando houve o golpe, fui para o centro da cidade. Pessoinha foi buscar as armas do almirante Aragão – que não foram dadas. (*Comandante do Corpo de Fuzileiros Navais, o almirante Cândido Aragão era solidário ao presidente deposto João Goulart. Terminou exilado no Uruguai.*) Ficamos na Cinelândia, onde houve um tiroteio na altura do Clube Militar. Nós nos afastamos, fomos para as ruas mais internas, ali no centro do Rio, para buscar pedras. Jogamos pedras.

Nossa orientação, naquele momento, era a Rádio Mayrink Veiga – uma espécie de baluarte do governo. Quando a Rádio Mayrink Veiga afinal caiu nas mãos do adversário, sentimos que, ali, a coisa estava mais ou menos perdida. As armas para a resistência não vieram. Quando voltávamos para Copacabana, vimos que já começava o movimento da *Marcha da Família, com Deus, pela Liberdade*. Vimos, ali, naquele momento, que estávamos amplamente derrotados, porque o movimento de apoio à ditadura já estava constituído! Estávamos derrotados também porque ninguém recebeu nenhuma arma do almirante Aragão. Ficou todo mundo sem nada.

Paulo Francis era um dos homens importantes da esquerda naquele momento – um intelectual. Uma vez, na casa do Luiz Costa Lima, fiz um comentário sobre literatura numa festa. Paulo Francis ouviu e fez uma referência negativa na coluna que escrevia no *Correio da Manhã*. Eu me lembro de ter escrito uma carta para ele: sou o sujeito que fez o comentário que você citou na coluna. O que você escreveu é bobagem! Eu gostava muito de polêmica naquela época... Depois, Francis me escreveu um bilhete gentil. Não o encontrei novamente."

Uma curiosidade biográfica: você chegou a dividir um apartamento na rua Figueiredo Magalhães, em Copacabana, com um dos atores do filme *Terra em transe* – Paulo César Peréio. A crônica secreta desse tempo registra alguma loucura digna de nota?

"O fato de eu ter vivido um ano em paz com Paulo César Peréio é o lado mais importante da minha biografia. Vivemos na rua Figueiredo de Magalhães, em Copacabana. Quem tinha alugado o apartamento era Tarso de Castro. Mas ele teve de fugir, porque houve todo o problema com o jornal *O Panfleto*, em 1964. Paulo Francis, aliás, era um dos tesoureiros do 'Grupo dos Onze'. (*"Comandos nacionalistas" formados por Leonel Brizola, logo antes do golpe de 1964.*) Teve de fugir também. Paulo Francis, depois, foi progressivamente se afastando de uma posição de esquerda até ir para os Estados Unidos, onde desenvolveu uma visão bastante cáustica sobre aquele período.

Ao desaparecer, Tarso de Castro tinha essa quitinete – que passou para Peréio e para mim. Passamos a habitar este endereço sem pagar aluguel.

Peréio não gosta que eu conte, mas há um caso importante: como ator, ele estava participando de uma encenação de *Antígona*. Lá pelas tantas, devia estar tão maluco que, em vez de dizer 'Antígona, eu te amo!', disse 'Cleópatra, eu te amo!'. Peréio até hoje jura que esta história é absurda, porque não aconteceu. Não me perdoa: diz que eu é que inventei a confusão de Antígona com Cleópatra. Mas é verdade.

Peréio sempre foi de esquerda. Sempre esteve próximo das posições de Brizola. Mas nunca elaborou muito sobre política. Não era especificamente interessado.

Um dos pontos altos de minha biografia foi ter morado um ano com Peréio. Quem se mudou para o andar de cima foi uma cantora que tinha chegado fazia pouco tempo ao Rio de Janeiro: Elis Regina. Cantava no chamado Beco das Garrafas. Havia um telefone que ficava perto do nosso apartamento. Sempre chamavam Elis Regina para atender. Como ela era gaúcha – e tinha uma amiga escritora igualmente gaúcha que escrevia contos –, nós íamos os quatro para a praia. Eu notava que ela já era bastante solicitada no Beco das Garrafas. Mas aquele não era um lugar de estrelas: era um palco para cantores da noite."

Em que momento exatamente o talentoso redator do departamento de pesquisa do *Jornal do Brasil* decidiu que era a hora de dar uma guinada que o levaria à luta armada contra o regime militar?

"Dizer em que momento houve uma 'guinada' é difícil, porque o que ocorreu foi um processo. O começo talvez tenha sido em Minas Gerais, quando, como jornalista, assisti à renúncia do Jânio Quadros e à tentativa de golpe sobre João

Goulart, o vice-presidente que estava em viagem, na China. Naquele momento, agosto de 1961, fiquei contra a tentativa de golpe. Aqueles acontecimentos tiveram um peso sobre minha posição.

Não sabia exatamente como atuar, mas me coloquei contra a ideia do golpe. Depois, viajei para a Europa, para fazer um curso.

Trabalhei num jornal chamado *Panfleto*. Era de Brizola. A direção-geral era do Paulo Schilling. Tarso de Castro – que eu tinha encontrado em Ipanema – e José Silveira me deram um trabalho na redação. Já estava começando a trabalhar no *Jornal do Brasil*. O *Panfleto* me pagava com vales, o que me permitia sobreviver até o final do mês.

Com o fechamento violento do *Panfleto*, no golpe militar, fiquei apenas no *Jornal do Brasil* – que me enviou em 1966 para o País de Gales, para fazer um curso de jornalismo. Em meio àquela atmosfera de jornalistas do Terceiro Mundo, encontrei gente da Etiópia, Sudão, vários países. Já havia uma fermentação anterior àqueles movimentos dos anos 1960.

Os fluidos das mudanças – ou pelo menos da agitação – estavam por ali. Voltei ao Brasil disposto a me dedicar a um processo de transformação.

Da janela do *Jornal do Brasil*, via aquelas idas e vindas dos estudantes em manifestações de rua. Decidi entrar no movimento. Desci da janela, entrei no movimento e passei a contribuir com os estudantes. Organizava o que eu chamava de Movimento dos Jornalistas. Para dizer a verdade, o movimento não tinha muito objetivo, a não ser o de falar mal do Sindicato dos Jornalistas, dirigido por pelegos. Usávamos este pretexto para organizar.

Chegou, então, o momento em que decidi que iria abandonar o trabalho para me dedicar exclusivamente à luta armada, à revolução e a todas essas coisas altissonantes. O interessante é que eu não era conhecido: não existia ninguém que me associasse seriamente a nenhum trabalho político. Mas decidi me antecipar.

O que havia, no Rio de Janeiro, era uma cisão do Partido Comunista. Uma parte do Partido Comunista – chamada Dissidência Comunista – era a mais influente entre os líderes estudantis.

Como os líderes estudantis eram os meus interlocutores, passei a fazer parte daquele grupo que se chamava Dissidência Comunista. Num determinado momento da luta armada, um grupo chamado MR-8, Movimento Revolucionário Oito de Outubro, foi todo preso, em Niterói. O MR-8 acabou. Decidiu-se, então, usar o nome do MR-8 para dizer que o MR-8 não tinha acabado. Assim, retirava-se aquela vitória simbólica do governo. Nunca me filiei ao Partido Comunista."

Já tinha uma visão crítica neste início de militância?

"Não. Quando entrei para o MR-8, o Partido Comunista tinha acabado de rachar. Terminei me ligando à Dissidência, por achar que o Partido tinha tido uma participação equivocada no período Goulart. Ou seja: o Partido não tinha sido capaz de formular uma política que evitasse o golpe.

Já estou completando cinquenta anos de vida pública! Tomo como início da vida pública a primeira greve que coordenei, aos dezesseis anos de idade.

Quando era secretário-geral da União dos Estudantes em Juiz de Fora, organizei uma greve, a primeira coisa importante que me lembro de ter feito. Antes, tinha feito um movimento para derrubar um professor de matemática. Devia ter treze anos de idade. Ninguém gostava do professor. A gente aproveitou para fazer um movimento..."

Você tinha como companheiro de trabalho, no *Jornal do Brasil*, justamente o ex-assessor de imprensa do presidente deposto João Goulart. Isso teve alguma influência na decisão de se jogar na militância de oposição – no primeiro momento – e depois na luta armada?

"O que me impressionou na relação com Raul Riff foi a crueldade com que ele tinha sido tratado como exilado. Várias vezes, ele teve a casa invadida. Pequenas coisas que ele tinha foram retiradas. Documentos foram devassados. Raul Riff era para mim, ali, no *Jornal do Brasil*, a imagem de alguém que não merecia ser perseguido! Não representava, no meu entender, nenhum perigo para o governo. Era uma figura doce. Terminei me afeiçoando a ele, pessoalmente. Fiquei comovido com o que se passou com ele no exílio. Uma coisa decente que eu poderia fazer, ali, era ajudá-lo a trabalhar o tempo que fosse.

Raul Riff era discreto a respeito do que tinha acontecido

com ele. As incursões da ditadura ao apartamento em que ele tinha morado no exílio me foram contadas por terceiros. Parecia que o que ele estava querendo era recolocar o pé no Brasil. Evidentemente, não tinha mudado de opinião, mas era discreto sobre aquele período e sobre João Goulart." (*Assessor de imprensa do presidente João Goulart, o jornalista Raul Riff se exilou em Paris depois do golpe de 1964 mas terminou voltando ao Brasil antes do chamado "endurecimento" do regime, ocorrido em 1968 com a decretação do AI-5.*)

Você levava para os palanques das manifestações, antes da decretação do AI-5, um ator amigo, Cláudio Marzo, que, na época, fazia sucesso na TV, na novela *A rainha louca*, com um personagem chamado Índio Robledo. Lá, ele era apresentado assim ao povo: "Com vocês, o Índio Robledo!". E o "índio" se limitava a dizer: "Ou ficar a pátria livre ou morrer pelo Brasil!". Que outros personagens você usavam para atrair a atenção dos desatentos?

"Cláudio Marzo era uma figura. Houve uma grande adesão de artistas e intelectuais até a chamada Passeata dos Cem Mil, no centro do Rio. Todos os intelectuais de uma certa forma cooperavam.

Eu me lembro de Antônio Callado, uma escritor que, ali, tinha uma posição clara. Também me lembro de figuras como, por exemplo, a atriz Ana Maria Magalhães – que também participava de manifestações.

Quem olhar a foto dos Cem Mil vai ver que até Clarice Lispector foi à manifestação. Eu enfrentava discussões no interior da esquerda porque havia gente que não reconhecia o valor da literatura de Clarice Lispector ou de Guimarães Rosa. Eu dizia: '... Mas esses dois escritores são fundamentais!'. Respondiam que Clarice era 'alienada'. Mas ela estava lá, não sei se pela amizade que ela tinha com o psicanalista Hélio Pellegrino. Protestou, também. Artistas estiveram do nosso lado, até que, depois da decretação do AI-5, as coisas ganharam outro contorno. Com o início de ações armadas, houve, então, um afastamento."

Quem eram seus ídolos no jornalismo e na política nessa época em que você trabalhava no *Jornal do Brasil*? Você começou a se revelar como jornalista, porque tinha um "belo texto". Quem influenciou o texto de Fernando Gabeira?

"Minha formação como jornalista é um caso à parte. Desde menino, me interessava pelo jornalismo. Aos dezessete anos, li um livro que tinha saído em inglês. Chama-se *Introdução ao jornalismo*. O autor era Fraser Bond. Procurava acompanhar as principais técnicas americanas. Isso quer dizer que, antes de começar a trabalhar, eu já tinha uma ideia sobre o assunto.

O fato de eu gostar de escrever me encaminhava não necessariamente para jornalistas como exemplo de texto, mas para escritores – como Ernest Hemingway.

Quando eu estava ainda começando no *Jornal do Brasil*,

Isaac Piltcher e Alberto Dines me ofereceram uma bolsa da revista *Seleções* nos Estados Unidos. Perguntaram: para onde você quer ir? Respondi que queria ir para a cidade onde Hemingway começou como jornalista. Disseram: não! Isso é o interior, é um buraco! Eu, romântico, achava que tinha de seguir aqueles passos. Gostava do texto do Hemingway – que, para mim, se tornara uma grande referência porque fazia, em seus textos, com uma dimensão ainda maior e mais literária, tudo aquilo que a técnica jornalística recomendava. Hemingway era, então, uma referência básica."

"Se alguma vez tiver de abater um cavalo, coloque-se tão perto dele que não possa falhar o tiro. Alveje-o na testa, no ponto exato de interseção de uma linha traçada da orelha esquerda para o olho direito e de uma outra da orelha direita para o olho esquerdo. Uma bala de pistola calibre 22 colocada neste ponto matará o animal instantaneamente e sem dor."

(Trecho de "Como ser baleado de novo", texto de Hemingway publicado na revista *Esquire*)

"Ia para a banca esperar a chegada da revista *Senhor* – que publicava bons textos. Eu me lembro de que lia textos do próprio Paulo Francis, além de Luiz Lobo, por exemplo. Era gente que estava no jornalismo. A revista *Senhor* passou, também, a ser uma referência nacional para mim. A diagramação era da Bea Feitler, que depois foi para os Estados Unidos, onde atuou na *Harper's Bazaar* como uma grande diagramadora.

A *Senhor* era uma experiência importante tanto do ponto

"Eu enfrentava discussões no interior da esquerda porque havia gente que não reconhecia o valor da literatura de Clarice Lispector ou de Guimarães Rosa.

de vista visual quanto do ponto de vista de texto. Combinava texto de jornalistas com grandes escritores. *O urso* – de William Faulkner – foi publicado pela primeira vez pela *Senhor*, assim como contos de Clarice Lispector e a novela de Jorge Amado de que mais gosto: *A morte e a morte de Quincas Berro D'Água*. Ia para a banca esperar, porque não aguentava ficar sem a revista."

Você já era influenciado pela mistura de elementos jornalísticos e elementos literários, como acontecia nos textos de autores que eram grandes ídolos de todo jornalista, como Gay Talese, por exemplo?

"O chamado Novo Jornalismo surge depois. O Brasil estava vivendo um momento de adaptação ao capitalismo. A introdução de novas técnicas jornalísticas significava, também, um ajuste ao capitalismo. Os leitores estavam ficando mais ocupados. Consequentemente, tinham menos tempo de ler. Precisavam, então, adquirir, rapidamente, uma noção do que estava acontecendo. Todo o esforço que nós fizemos foi de derrotar o chamado 'nariz de cera' – que ainda exerce um grande apelo *(parágrafos pouco objetivos usados no início dos textos)*. Depois, veio o esforço para introduzir, no texto jornalístico, palavras cotidianas no lugar das palavras supostamente literárias.

Aquela história: quem morre morre; não 'falece'. Hospital é hospital; não é 'nosocômio'. Era um movimento que o próprio *Diário Carioca* já tinha iniciado. Depois, o *Jornal do*

Brasil. Era tudo reflexo de um processo de modernização capitalista do Brasil."

É curiosa a relação entre a técnica jornalística e a exigência da pressa. Algum livro, alguma passagem específica de Hemingway influenciou você?

"Fui professor de jornalismo. Há dois livros que sempre recomendo como exemplo de uma forma boa de contar uma história. Um é de Hemingway: *O velho e o mar*. Ali, a gente vê uma maneira boa e econômica de narrar. O outro é *O estrangeiro*, livro de Albert Camus que também tem características semelhantes, como frases curtas e diretas."

> "Quanto mais pensava, mais coisas esquecidas ia tirando da memória. Compreendi, então, que um homem que houvesse vivido um único dia poderia, sem dificuldade, passar cem anos numa prisão. Teria recordações suficientes para não se entediar."
> (Albert Camus, *O estrangeiro*)

"Fui ensinar jornalismo justamente em 1968, no auge da agitação, na Universidade Federal do Rio de Janeiro. Zuenir Ventura é que me convidou para dar aulas. Mas, naquele momento, eu já estava tão politizado que abandonei um pouco a técnica jornalística para falar de política. Não me formei como jornalista. Quando comecei a trabalhar, não havia curso de jornalismo. Quando o curso começou, fui chamado para dar aula! Tinham de chamar os que tinham experiência para que eles dessem aula."

Qual foi a personalidade inesquecível que o Fernando Gabeira repórter teve a chance de conhecer e por quê?

"Tive, como repórter, a oportunidade de encontrar pessoas inesquecíveis. Não necessariamente eram as mais conhecidas. Uma figura que marcou meu trabalho e minha memória foi Bispo do Rosário. *(Internado como "esquizofrênico" na Colônia Juliano Moreira, no Rio, onde viveu cinquenta anos como paciente, Bispo do Rosário passou a criar objetos que foram considerados como arte de vanguarda.)* Passei um período trabalhando com ele no hospício. Vi que era uma figura extraordinária. Num certo momento, ele me pediu para que eu jogasse xadrez com ele. Acontece que ele é que tinha feito o jogo de xadrez e inventado as peças a partir de suas visões. Procurei encarar a situação.

Bispo do Rosário me impressionou também pelo fato de ter vivido sete anos numa cela. Terminou reconstruindo o mundo, criou uniformes e tapetes, desenhou bandeiras de países por onde teria passado. Nunca vi força tão grande! Quem estava ali era um homem que passou anos reconstruindo o mundo num hospício, tal como ele achava que deveria ser. Chegou a fazer um manto pomposo que ele próprio deveria usar para entrar no céu. Eis um personagem brasileiro inesquecível!

Há outro de quem gosto muito: chama-se Zé Peixe. Vive em Sergipe. Nada onze quilômetros por dia para visitar uma irmã. Começou a vida salvando náufragos de um navio durante a guerra. É também uma figura extraordinária: não toma banho de água doce. Vive no mar! Prende na boca o objeto que quer transportar enquanto nada. Orientava os navios: era prático do porto. Os gringos ficavam assustados. Quando os navios estrangeiros chegavam ao largo, Zé Peixe falava assim: 'Até logo a todos!'. Pulava lá do alto do navio para voltar nadando.

Não tenho grandes registros de celebridades. Mas tive sorte, num determinado momento. Quando cheguei à Croácia, em 1991, resolvi ir do hotel ao parlamento, para ver o que estava acontecendo. Quando chego à sede do parlamento, vem um homem levantando os braços. Fotografei. Era Franjo Tudjman, presidente da Croácia. Abraçado a outras pessoas, ele tinha proclamado a independência do país naquele momento. Fui o único fotógrafo da cena. Estava proclamada a independência da Croácia!"

Você só conheceu Brasília depois de voltar do exílio. Disse: "Brasília superava a minha capacidade de entendimento. Era preciso voltar com calma ou então perder a preocupação de entender". O motivo do espanto em relação a Brasília foi político, pessoal ou arquitetônico?

"Há duas Brasílias: a Brasília arquitetônica dos que vivem lá – e a Brasília dos políticos. A confusão entre essas duas Brasílias é perigosa. A revista *Playboy* publicou uma entrevista em que eu dizia que não ia aos bares à noite em Brasília porque só tinha puta, lobista e deputado. Houve uma comoção na cidade! Tive de ir ao governador pedir desculpas. Eu não queria me referir a essa Brasília.

Vejo em Brasília aspectos que, para mim, são difíceis: não posso avaliar Brasília arquitetonicamente sem levar em conta que trabalho lá. O prédio da Câmara dos Deputados – por exemplo – me dá a sensação de estar num abrigo antinuclear. Nunca se sabe se é dia ou se é noite. Fico soterrado ali.

Há uma rigidez nos traços da cidade. O primeiro ponto a ser considerado é que Brasília foi bem recebida pelos moradores. Gostam da cidade. Mas sempre achei que o papel do Burle Marx em Brasília tinha de ser maior! A cidade é muito seca. Propus – de brincadeira – um slogan: 'Brasília com vaselina'. Faltam fontes e chafarizes em Brasília. É uma área de água. Ali estão as grandes nascentes daquela região. Mas a cidade é seca. Não há nenhum trabalho nesse ponto.

Vivo em Brasília numa prisão-albergue: saio para o trabalho e volto para casa. Não tenho empenho em ter uma vida 'social'. Odeio conversas de coquetel, por exemplo. Não sou preparado nem estou adaptado para esta situação."

O que é que levou você, num primeiro momento, a dizer que Brasília superava a "capacidade de entendimento"?

"O que me levou a dizer foi, possivelmente, a lógica que orientava e dirigia os passos políticos em Brasília.

Com o tempo, passei a me interessar pela questão arquitetônica, a ler e a escrever sobre o tema.

Quando cheguei a Brasília, achava tudo estranho: não entendia. As coisas são muito setorizadas. Onde é o setor em que compro – por exemplo – um cortador de unhas? Há um setor de cortador de unhas. Deve existir! Ficava assustado com aquela especialização."

A partir da experiência pessoal que você teve no Congresso, você diz que o parlamento é pior, melhor ou igual ao Brasil?

"É pior. Não há dúvida de que o parlamento de uma certa maneira representa o Brasil. É formado por pessoas que foram escolhidas pelos brasileiros para estar ali. Representam, portanto, correntes da sociedade brasileira. Mas o parlamento é pior do que o Brasil porque não consegue exprimir a vontade que o Brasil tem de um trabalho melhor.

Nosso parlamento é pior do que o Brasil porque, quando os interesses do Brasil se chocam com os interesses pessoais e os interesses corporativos, prevalecem os interesses pessoais e corporativos. É raro ver os interesses nacionais prevalecerem. Em resumo: o parlamento é a representação do Brasil, mas, num aspecto essencial – o confronto entre a expectativa do país e os resultados obtidos –, ele é pior do que o país."

Qual foi a maior estupidez que você já ouviu depois que entrou na política parlamentar?

"Teria de pensar qual foi a maior estupidez que ouvi nas últimas 48 horas.

Gostei de uma frase que foi dita lá: 'O caos aéreo foi o maior naufrágio da história do Brasil!'."

Qual foi a proposta mais surpreendente que você recebeu?

"A proposta mais surpreendente me foi feita por Tim Maia quando ele foi a Brasília depor sobre a questão dos direitos autorais. Os deputados falavam no estilo dos parlamentares. Alguém disse algo como *data venia*. Tim Maia morreu de rir!

Em seguida, ele voltou e disse: 'Quero ser político!'. Terminou me ligando duas vezes: 'Quero ser político! Quero ser senador! Pensei em ser pelo PSB, mas quero ser pelo Partido Verde! Você vai me ajudar!'.

Respondi: 'Tudo bem. Vamos conversar, mas acho que é difícil. Dê um tempo, pense melhor'. Tim não voltou a falar no assunto.

Fiquei surpreendido com a proposta que ele fez, porque, para dizer a verdade, a passagem de Tim Maia pela Câmara dos Deputados foi uma das coisas mais alegres e rejuvenescedoras para mim!

Tim Maia olhava para os deputados e falava com eles a partir de outro espaço, outra lógica. Não os levava a sério em algumas coisas. Em outras, levava, é claro. Mas, na hora de tratar com os deputados, parecia que estava num botequim. Ria das pessoas."

(*Em entrevista concedida ao repórter André Luiz Barros para a edição de setembro de 1997 da revista República, Tim Maia – que morreria apenas quatro meses depois – declarava: "Com todo respeito, já estou eleito. Vou fundar o Partido Liberal Geral. Não vou usar terno e gravata não. Sou brasileiro. Vou botar, no máximo, um blazer (...) Se for eleito, casso a concessão da Rede Globo. Sabe de quem é a Rede Globo? É minha, é nossa, é de todos nós".*)

Qual foi a última vez que você se sentiu insultado?

"Sou insultado diariamente na internet, em meu próprio site, por exemplo. A linha do insulto é clássica. Primeiro, porque eu pertencia à esquerda. Sou chamado de 'terrorista sanguinário'. Insultam também porque sou 'maconheiro' ou porque sou 'veado'. Ou a combinação dos dois. A maioria combina os dois: 'veado' e 'maconheiro'. É a praxe.

Inventaram, depois de um debate na TV nas eleições de 1986, num momento em que minha candidatura estava crescendo um pouco, aquele slogan 'quem senta, fuma e cheira vota em Gabeira'. Não é verdade! Se todo mundo que senta, fuma e cheira votasse em mim, minha situação teria sido melhor naquela eleição. Teria tido uma votação estupenda.

O slogan foi invenção de equipes de marketing que tinham como obrigação atrapalhar a vida de adversários como eu."

Você nunca foi tão bombardeado, tão criticado, tão escorraçado quanto nos dias que se seguiram à revelação – feita por você mesmo – de que tinha repassado para a filha uma passagem aérea a que você tinha direito como deputado federal. Eis algumas das expressões que apareceram imediatamente no espaço de comentários dos internautas nos sites do *O Globo* e da *Folha de S.Paulo*, em abril de 2009: "o bastião da moralidade agora é vidraça", "decepção", "cínico", "o paladino da moral participa da falta de ética", "cadê o Obama carioca?", "fanfarrão" – e uma série de substantivos e adjetivos nada lisonjeiros. Você jamais deve ter ouvido palavras tão duras. Qual vai ser o peso desse episódio na biografia – em andamento – de Fernando Gabeira?

> Hoje, já não sou um rebelde. Sou só fracassado.

"É difícil definir o peso de um episódio no momento em que ele se desenrola. Tenho a impressão de que vai ser uma nota de pé de página. Dependerá dos biógrafos...

Sempre houve, na Câmara, uma total autonomia dos deputados quanto ao uso de suas cotas de passagens aéreas. Em determinados momentos históricos, a autonomia foi até importante, como, por exemplo, no caso do movimento pelas eleições diretas (1984), porque permitiu que artistas e intelectuais se deslocassem para Brasília e para outros lugares, para participar da campanha. Mas vinha acontecendo uma sucessão de abusos que escandalizou a opinião pública. Era preciso restabelecer, então, pelo menos a possibilidade de a Câmara dos Deputados permanecer aberta....

A moral da Câmara estava lá embaixo. Eu precisava intervir. Jornais e revistas sérios diziam: não há nenhuma voz interna que proteste contra? Como todos sabíamos que todos dão passagem, uma única voz que tivesse de protestar não poderia, portanto, ser farisaica. Quem fosse protestar teria de dizer: "Eu também dei passagem, mas vamos acabar com essa prática!". Para tentar, internamente, dizer algo assim eu revelei que tinha dado passagens também.

O figurino de 'reserva moral' é desconfortável. É melhor aparecer como alguém que erra mas conserta os erros para poder avançar. Além de tudo, é melhor fazer política com alguém que erra e acerta do que fazer política com uma 'reserva moral'."

Ao tornar pública a cessão das passagens aéreas a terceiros, você declarou ao blog de Josias de

Souza, na *Folha de S.Paulo*: "Agi como se a cota fosse minha propriedade soberana. Confesso que caí na ilusão patrimonialista brasileira". A dúvida que se espalhou imediatamente foi: como é que um deputado que conhece – e combate tanto – a tradição brasileira de misturar o bem público com o bem privado pôde fazer esta confusão entre os dois territórios?

"Porque havia uma série de racionalizações. Como minha cota era gerida com austeridade, terminava sobrando dinheiro. Eu incluía na minha cota passagens Brasília-Rio e Rio-Brasília – que eu ganhava para fazer conferências, por exemplo. Assim, através do meu trabalho intelectual, eu terminava, na prática, acrescentando créditos à cota a que tinha direito na Câmara.

Sou integrante dos mais atuantes da Comissão de Relações Exteriores, mas faz três anos que não saio do Brasil! Minha gestão é de austeridade completa. Eu achava, então, que, numa gestão de austeridade completa, este pequeno erro era justificado."

Simpatizantes seus disseram que você cometeu um "pecado venial". Ou seja: não teria sido tão grave. O problema é: a gradação dos pecados no uso do dinheiro público não corre o risco de criar um relativismo moral perigoso? Ou seja: não se corre o risco de achar que erros cometidos com o uso do dinheiro público, desde que pequenos, podem ser tolerados indefinidamente?

▌ "...Mas minha decisão mostra que concordo que não deve haver nenhuma condescendência com erros desse tipo! De qualquer maneira, as pessoas precisam conhecer o que é a política. Se imaginarem que a política é feita por anjos – ou que anjos podem fazer política –, vão se equivocar. Porque há momentos em que há pequenos erros. Mas o princípio geral é que esses erros devem ser combatidos – e não tolerados, pura e simplesmente."

Reinaldo Azevedo escreveu, no site da revista *Veja*: "Vi até com certa simpatia a reação de Gabeira porque ela expressava a mais explícita perplexidade. Isto mesmo: Gabeira estava perplexo. E acho que foi uma das raras vezes na vida – incluído o período em que pegou em armas – em que realmente Gabeira não tinha uma boa resposta a dar. Isso quer dizer o óbvio: Gabeira sabe que ele e seus pares fizeram o indefensável".
Você estava perplexo com o erro que você mesmo tinha cometido?

▌ "Eu estava envergonhado. Não tinha uma explicação. Se você examinar o erro que cometi e a maneira como deputados usaram passagens, o meu erro não é dos maiores. Mas faz parte de um processo. Não há resposta, a não ser consertar."

Tido como "paladino" do parlamento, você se sente culpado por ter contribuído para aprofundar a descrença nos políticos?

"Sim. Mas não é que eu me sinta culpado: eu poderia, por exemplo, ter ficado calado! Era, aliás, a alternativa mais fácil. Se um dia surgisse a denúncia, eu diria: 'Era uma prática permitida a todos os deputados. Nós usamos. Cometemos erros'.

O que eu queria era ganhar força para resolver o problema. Ficou claro, para mim, que este é um momento em que a jovem democracia brasileira passa por uma crise mas consegue avançar. O meu destino pessoal talvez seja o menos importante. Porque o que importa é avançar neste caminho."

O jornalista Guilherme Fiúza disse, no site da revista *Época*: "O deputado do PV tomou a iniciativa de ir a público declarar que também usara passagens indevidamente. Teve tempo, portanto, de montar um discurso. Mas não montou nenhum. Seu discurso foi o seguinte: errei".
Você reconhece o erro incondicionalmente ou faz alguma ressalva ?

"A ressalva que fiz foi esclarecer que todos os deputados tinham autonomia para usar a passagem. Mas a autonomia tem de ser usada com justificativas políticas. Por exemplo: eu trouxe para Brasília o diretor da Defesa Civil de Santa Catarina para falar de desastres. É justificável. Financiei a viagem de um monge para São Paulo, para que ele organizasse uma manifestação contra o massacre dos monges em Mianmar. (*Gabeira participou de manifestações de solidariedade aos monges budistas que protestam contra o regime militar de Mianmar, ex-Birmânia.*) É tudo politicamente justificável. Mas a concessão de passagem para alguém da família faz parte da ilusão patrimonialista brasileira: é confundir o privado com o público. Era importante que esta confusão fosse registrada. É a raiz do meu erro."

O então presidente da Câmara, Severino Cavalcanti, teve de deixar o cargo em setembro de 2005 porque recebia pagamentos de um empresário que explorava um restaurante nas dependências da Câmara. Numa cena que ficou famosa, você disse a ele: "Sua presença na Presidência da Câmara é um desastre para o Brasil e para a imagem do País. Ou Vossa Excelência começa a ficar calado ou vamos iniciar um movimento para derrubá-lo". O que é que você sentiu ao ler estas declarações de Severino Cavalcanti: "Gabeira não tem autoridade para criticar ninguém. Quando eu era presidente da Câmara, nunca dei passagem para ninguém"? Você se sentiu tripudiado?

"Não tomei conhecimento porque minha referência não é ele. Uma relação com ele não passou, absolutamente, por minhas cogitações."

As manifestações de decepção dos internautas perturbaram você até que ponto, pessoalmente?

"Os internautas são um setor especial. Há os que são agressivos. Já administramos esta agressividade no meu site desde o princípio do século! Nós estamos na Internet desde antes do fim do século passado. São agressivos até com os próprios blogueiros profissionais. A maneira de administrar é deixar passar. Não adianta ficar discutindo com eles."

Que balanço você faz dessa descida ao purgatório? Qual é a extensão e a gravidade das queimaduras que você sofreu? São queimaduras políticas de primeiro, segundo ou terceiro grau?

"Sob o ponto de vista pessoal, não vejo nenhuma grande dificuldade. Minha vida continua de uma forma tranquila. Já sob o ponto de vista político, são de primeiro grau. Preciso avaliar se me interessa continuar, ou não, a fazer política e a me submeter a um tipo de tratamento como esse. Não é que eu ache que eu não mereça este tratamento. Todos são livres para expor o que quiserem. Mas chega um determinado momento em que você pode escolher ajudar o Brasil de uma forma em que não esteja exposto a tratamento desse tipo."

O jornalista Ricardo Noblat escreveu no site do jornal *O Globo*: "O Congresso concede uma cota mensal de passagens para que deputados e senadores viajem entre Brasília e seus Estados. A conta é paga por quem paga impostos – ou seja: por todos nós. Não pagamos para que deputados e senadores viajem sozinhos ou acompanhados para o exterior. Nem mesmo para que viajem de férias dentro do país. Muito menos pagamos para que doem as passagens que não usam. Ou para

que troquem passagens por dinheiro e aluguem jatinhos. Está errado".

Em que momento exatamente você passou a considerar errado o uso de passagens que eram utilizadas livremente pela totalidade dos deputados como se fossem parte do salário? Quando é que a luz vermelha se acendeu?

"A luz vermelha acendeu quando surgiram os abusos. Percebi que a questão era problemática. Desde o princípio, a gestão austera de minha própria cota de passagens significava que eu já tinha – do ponto-de-vista pessoal – a vontade de fazer com que fosse respeitado o fato de que se tratava de dinheiro público. As condições para acabar com o problema só foram dadas, no entanto, quando a imprensa levantou a questão. Se eu levantasse a questão unilateralmente na Câmara dos Deputados, não haveria a mínima ressonância. Haveria um isolamento profundo."

Num primeiro momento, você chegou a falar em "morte política". Disse que se sentia como se estivesse diante de um "pelotão de fuzilamento" ao receber tantas críticas. Você chegou a pensar, a sério, em abandonar a política parlamentar?

"Posso ajudar o Brasil de várias maneiras. Gosto de ajudar o Brasil. Tenho condições de sobreviver com meu trabalho, não de uma forma rica, mas de uma forma modesta. Minha discussão é: não sei se vale a pena contribuir com o Brasil num cargo público ou se é melhor trabalhar como profissional liberal, sem passar por esse tipo de processo. Jamais hesitei na certeza de que vou contribuir com o país. Jamais hesitei na ideia de que minha vida é ajudar o Brasil. Mas ser ou não ser político profissional, para mim, não é uma questão fundamental."

(Em entrevista ao jornalista Augusto Nunes, divulgada em vídeo no site da revista Veja, *Gabeira declarou:"Eu tinha de passar rapidamente por essa experiência para poder ter condições político-morais de iniciar dentro da Câmara dos Deputados um processo que promovesse a reconciliação do Congresso com a sociedade. Hoje, existe uma certa hostilidade da sociedade com relação ao Congresso, porque há práticas que não são aceitas (...) É perigoso criar uma situação em que o Congresso fique totalmente longe da sociedade. É perigoso para a sobrevivência do Congresso e, consequentemente, para a democracia (...) Quando se pretende derrubar tudo, é necessário perceber o que é uma bomba nuclear. Porque, nas explosões nucleares, as baratas é que sobrevivem! (...) Começaram a abrir as entranhas do Congresso. Digo sinceramente: o Congresso – que esteve por tantos anos sob uma prática patrimonialista – não suporta a luz total. Temos de lançar luz progressivamente (...) Não havia regras (sobre passagens aéreas). Havia, aliás, uma regra permitindo: os funcionários dos gabinetes faziam com a maior naturalidade, porque sabiam que estavam procedendo dentro das normas da Casa. Tanto é que, quando falei em ressarcir, me disseram: 'Não. A posição é de anistia, porque era lei' (...) Não posso dizer: 'Fiz porque era permitido'. Senão, você diz num campo de concentração: 'Ah, fiz porque era permitido...'. Você precisa ter uma noção do que fez. Fiz porque era permitido, dentro da lei. Os que consideram que era*

um absurdo precisam saber que esta era a norma. Fiz. Reconheci que fiz, para ganhar condições de olhar nos olhos dos outros e dizer: 'Vamos sair dessa!'. Eu me sinto melhor e mais leve. Perdi o figurino de 'reserva moral', aquele que não erra.")

Uma canção anarquista italiana diz: "Mande flores para os rebeldes que fracassaram". Para que rebelde fracassado você mandaria flores? Você se considera um?

"Não me considero um rebelde fracassado. Hoje, já não sou um rebelde. Sou só fracassado.

De qualquer maneira, a Guerra Civil Espanhola teve um peso grande na formação do meu imaginário. Porque mobilizou uma série de escritores. Havia o lema 'Morrer em Madri'.

Eu mandaria para eles."

O ex-presidente da República Tcheca, Vaclav Havel, fez uma constatação precisa sobre o vazio que se instalou depois do fim das utopias: "O ceticismo completo é uma compreensível consequência da descoberta de que nosso entusiasmo estava baseado numa ilusão". O próprio Havel escreveu um artigo com o título "Nunca torça contra a esperança". A política sem esperança é chata? É insuportável?

"É insuportável! O problema todo é ajustar a esperança à realidade. Porque a esperança é fundamental. Em torno da esperança, há valores como a democracia, a proteção ambiental, direitos humanos, a justiça social. São expectativas que podem melhorar a vida de todos nós."

Nelson Rodrigues disse uma vez, numa entrevista a Otto Lara Resende, que, se pudesse escolher quais as últimas palavras que pronunciaria no leito de morte, diria: "Que boa besta é Karl Marx!". Se você tivesse a chance de dizer suas últimas palavras, quais seriam? Você se animaria a chamar alguém de besta, se tivesse a chance?

"Nelson Rodrigues era um adversário fascinado por Marx. A gente pode morrer sem perceber. Mas, se eu tiver de enfrentar a morte de novo com a consciência prévia, prometo não fazer nenhuma literatura. Quando enfrentei pela primeira vez, pensei na América Latina. Mas agora não pensaria."

A CENA IMAGINÁRIA: O GRANDE ELENCO DO "FILME QUE NUNCA FOI FEITO" FICA PERFILADO NO CORREDOR DO HOTEL NUM FIM DE TARDE DE DOMINGO EM IPANEMA.

Termina a longa jornada de Gabeira, num domingo de Ipanema, pelo território da memória.

Quando caminhava para o avião que o levaria para o exílio, Gabeira imaginou: e se pudesse reunir, ali, na pista de embarque, os personagens das aventuras todas que viveu? Queria ter a chance de saudar cada um pela última vez.

Agora, quando caminha, solitário, pelo corredor mal iluminado do hotel, ao final da longa entrevista, ele bem que poderia perguntar a si mesmo: e se pudesse reunir de novo os personagens de suas memórias improvisadas, o grande elenco do "filme que nunca foi feito", para uma última saudação? Lá estariam, perfilados, personagens que ele não esqueceu – como o delegado de Juiz de Fora ameaçando: ia dizer à avó de Gabeira que ele estava incitando a luta de classes; o embaixador americano confessando, no cativeiro, que simpatizava com os sequestradores; o presidente Nixon perguntando "que merda é essa, Rogers?" ao receber do secretário de Estado William Rogers a notícia do sequestro do embaixador dos Estados Unidos no Brasil; o ator Carlos Vereza preparando o disfarce que Gabeira usaria para se esconder em plena zona sul do Rio; o agente dizendo que não, não valia a pena matar Gabeira ali, naquela tarde em São Paulo, porque precisava interrogá-lo; o Frei Tito rezando, contrito, numa cela, entre uma e outra sessão de tortura; o policial garantindo a Gabeira, na prisão, que "chumbo faz bem à saúde"; o superbandido Lúcio Flávio convidando o preso político Fernando Gabeira a tentar uma fuga espetacular; Glauber Rocha fazendo planos de filmar a luta armada numa caminhada por um boulevard de Havana; Gabriel García Márquez observando num tribunal em Roma a figura magra do ex-guerrilheiro Gabeira denunciando a tortura de presos políticos; Fidel Castro, "vigoroso e falante", discursando durante horas a fio num palanque em Cuba; o amigo Paulo César Peréio jurando que nunca confundiu Antígona com Cleópatra num palco; o camarada Chico Nélson pensando que estava no céu ao acordar, no hospital de Estocolmo, cercado de crianças carregando velas para Santa Luzia; o time do Flamengo desembarcando no Aeroporto do Galeão justamente na hora em que Gabeira voltava ao Brasil depois de quase dez anos banido no território nacional; o cacique Antonio Carlos Magalhães se oferecendo inutilmente para brindar Gabeira com um visto de entrada nos Estados Unidos; Ulysses Guimarães e Tancredo Neves cochilando enquanto Gabeira tentava explicar qual deveria ser a política de direitos humanos no Brasil redemocratizado; Miguel Arraes fingindo que não tinha ouvido direito a pergunta que o deputado Gabeira lhe tinha feito em meio ao tumulto de uma votação no plenário da Câmara; Tim Maia ligando para anunciar que queria virar senador da República; Artur Bispo do Rosário mostrando a Gabeira, no hospício, o manto que usaria quando chegasse a hora de se encontrar com Nosso Senhor Jesus Cristo no paraíso e, claro, Cláudio Marzo vestido de Índio Robledo gritando com ar grave e braços cruzados "ou ficar a pátria livre ou morrer pelo Brasil!", o verso grandiloquente que tinha sido escrito em 1822 pelo poeta Evaristo da Veiga para saudar a Independência do Brasil, mas que, ali, no Rio de Janeiro dos anos sessenta, era usado para tentar comover as plateias dos primeiros comícios contra o regime militar – uma tática extraordinariamente inocente, se comparada com o fogo cruzado que estava por vir.

Em breve, os militantes transformados em guerrilheiros estariam ocupados não em repetir romanticamente versos do Hino da Independência, mas em encenar a versão tropical da palavra de ordem pichada por um estudante rebelado num muro da Paris de 1968. Em vez de "e se a gente incendiasse a Sorbonne?", eles perguntavam: "E se a gente sequestrasse o embaixador americano?".

Era um tempo de perguntas absurdas – e respostas surpreendentes.

A tempestade estava só começando.

Bem que Bob Dylan tinha avisado: "Vou caminhar até os confins da floresta mais escura e profunda/ onde o rosto do carrasco fica sempre escondido/ E uma chuva pesada/ uma chuva pesada/ uma chuva pesada vai cair".

Índice onomástico

A
ACM *ver* Magalhães, Antonio Carlos
Adílio (jogador), 151
Albee, Edward, 78, 162
Aleixo, Pedro, 66
Alencar, Marta, 152
Allende, Salvador, 137, 140
Amado, Jorge, 232
Andrade, Joaquim Pedro de, 107
Aragão, Cândido, 221
Araújo Neto, 127
Arendt, Hanna, 125
Armstrong, Neil, 27
Arraes, Miguel, 126, 128, 252
Atwan, Abdel Bari, 163
Autran, Paulo, 113, 114
Ávila, Roberto D', 185

B
Barreto, Bruno, 157
Barreto, Luiz Carlos, 107
Barros, Ademar de, 123
Beauvoir, Simone de, 124, 148
Beltrão, Hélio, 52
Benjamin, Cid Queiroz, 40, 47, 101, 122
Bento XVI, papa, 132
Béria, Lavrenti, 105
Betancourt, Ingrid, 32, 33, 58
Betto, Frei, 93
Bezerra, Gregório, 56
Bin Laden, Osama, 163, 164
Boal, Augusto, 10
Bond, Fraser, 228
Brito (jogador), 103
Brizola, Leonel, 11, 123, 183, 222, 223, 224
Bucher, Giovanni Enrico, 101
Bush, George, 157, 175, 195

C
Cafuringa, 40
Calheiros, Renan, 174
Callado, Antônio, 227
Câmara, Hélder, Dom, 36, 68, 69, 70
Camus, Albert, 233
Capote, Truman, 112
Cardoso, Fernando Henrique, 174, 200
Carlos Alberto (jogador), 103
Carpegiani (jogador), 151
Carvana, Hugo, 152
Cassidy, John, 142
Castro, Fidel, 11, 19, 100, 116, 117, 251
Castro, Tarso de, 11, 112, 115, 222, 224
Charf, Clara, 64
Chávez, Hugo, 144, 195
Che Guevara, Ernesto, 18, 48, 87, 116, 117, 118, 132, 134, 145
Chico Nélson, 153, 251
Clodoaldo (jogador), 103
Cohn-Bendit, Daniel, 10, 147, 191, 205

Correa, Rafael, 195
Cortázar, Julio, 125
Costa, Armando, 83

D

Dahl, Gustavo, 78
Da-Rin, Sílvio, 41
Debray, Regis, 10, 145
Detrez, Conrad, 140
Diaz, Porfírio, 113
Dines, Alberto, 229
Dirceu, José, 11, 21, 56, 190, 191
Dylan, Bob, 14, 253

E

Eichmann, Adolf, 125
Elbrick, Charles, 11, 23, 27, 37, 40, 49, 64, 65, 112, 115, 154, 156, 164, 165, 168, 169
Elbrick, Valerie, 10, 164, 165, 168, 169, 170
Everaldo (jogador), 103

F

Falcão, Armando, 68
Faulkner, William, 232
Feitler, Bea, 229
Félix (jogador), 103
Ferreira, Joaquim Câmara, 40, 49, 63
Ferreira, José Mariani, 92
Fiúza, Guilherme, 244
Flávio (jogador), 40
Fleury, Sérgio, 11, 92, 93, 94, 103
Fonda, Henry, 32

Francis, Paulo, 11, 56, 160, 221, 222, 229
Franco, Moreira, 183
Frati, Rolando, 56
Freitas, Jânio de, 141
Freud, Sigmund, 11, 168

G

Gabeira, Maya, 162, 171
Gabeira, Tamy, 163, 171
García Lorca, Federico, 130
García Márquez, Gabriel, 125, 251
Geisel, Ernesto, 68, 126
Gérson (jogador), 103
Gil, Gilberto, 158
Gomes, Dias, 78
Goulart, João, 125, 126, 221, 223, 224, 225, 226, 227
Gramsci, Antonio, 131
Graúna, 221
Greene, Graham, 56
Guimarães, Ulysses, 10, 181, 182, 252
Gullar, Ferreira, 18, 83

H

Havel, Vaclav, 249
Hegel, Georg Wilhelm Friedrich, 113
Hemingway, Ernest, 162, 164, 228, 229, 233
Hendrix, Jimmy, 26
Hitchcock, Alfred, 32
Ho Chi Minh, 27, 40
Hobsbawm, Eric, 144, 195

I
Ibrahim, José, 56

J
Jairzinho (jogador), 103
Japiassu, Moacir, 220
Jardel Filho, 107, 108, 112
Julião, Francisco, 128
Júlio César (jogador), 151
Júnior (jogador), 151, 152

K
Kadafi, Muammar, 27
Kissinger, Henry, 58

L
Lamarca, Carlos, 92
Leite, Eduardo Collen, 101
Lênin, Vladimir, 131, 132, 141, 209
Lima, Luiz Costa, 221
Lírio, Lúcio Flávio Villar, 98, 251
Lispector, Clarice, 11, 228, 230, 232
Lobo, Luiz, 229
Lopes, Dirceu, 40
Lula, 9, 16, 40, 96, 174, 180, 183, 184, 185, 186, 187, 188, 189, 190, 191, 200
Luz Del Fuego, 97, 98

M
Maciel, Luiz Carlos, 78
Magalhães, Ana Maria, 227
Magalhães, Antonio Carlos, 11, 23, 154, 155, 159, 173, 174, 252
Magalhães, Luiz Eduardo, 11, 173, 174
Magalhães, Vera Sílvia Araújo de, 40, 101, 122
Maia, Tim, 220, 237, 238, 252
Manson, Charles, 26
Marchetti, Ivens, 56
Marighella, Carlos, 49, 54, 62, 63, 64, 71, 72, 93, 140
Marra, Antônio Beluco, 220
Marreiros, Carlos, 83
Martins, Franklin, 11, 40, 41, 42, 43, 45, 46, 50, 168, 170
Martins, Mário, 46, 51
Marx, Burle, 236
Marx, Karl, 11, 22, 124, 132, 133, 142, 143, 144, 250
Marzo, Cláudio, 227, 252
Mayrink, Geraldo, 115
Médici, Emílio Garrastazu, 56
Meirelles, Larissa, 82
Meirelles Neto, Thomaz Antônio da Silva, 82
Migliaccio, Flávio, 83
Miller, Arthur, 94, 162
Minogue, Kenneth, 133
Morales, Evo, 195
Moura, José Sebastião Rios de, 40

N
Nagle, Leda, 152
Neves, Tancredo, 10, 181, 182, 252
Nixon, Richard, 16, 56, 57, 58, 251
Noblat, Ricardo, 246

O

Okuchi, Nabuo, 101
Oliveira, Antero de, 10, 78
Oliveira Netto, Manoel Cyrillo de, 40, 42, 63, 67, 68, 70

P

Pacheco, Agonalto, 56
Paes, Eduardo, 177
Palmeira, Vladimir, 21, 46, 56, 122
Pelé, 26, 103
Pellegrino, Hélio, 107, 228
Peréio, Paulo César, 10, 104, 111, 112, 220, 222, 223, 251
Pessoa, José Nicodemus, 220, 221
Piazza, 40, 103
Pietro, Adriana, 114
Piltcher, Isaac, 228, 229
Pinheiro, Luís Adolfo, 220
Pinheiro, Paulo Sérgio, 182
Pinochet, Augusto, 149
Pinto, Magalhães, 66
Pinto, Onofre, 56
Ponte Preta, Stanislaw, 9
Pontes, Paulo, 83
Prado Júnior, Caio, 69
Prestes, Luís Carlos, 9, 82, 182

Q

Quadros, Jânio, 223

R

Regina, Elis, 223
Régis, Irlando de Souza, 103
Reis, Echio, 113
Reis, Yamê, 163
Reis Filho, Daniel Aarão, 42, 101, 122
Resende, Otto Lara, 250
Ribeiro, Darci, 183, 218, 219
Ribeiro, Maria Augusta Carneiro, 56
Riff, Raul, 226, 227
Rivelino (jogador), 103
Rocha, Anecy, 106
Rocha, Glauber, 10, 11, 13, 102, 104, 105, 106, 107, 108, 109, 113, 114, 116, 125, 126, 145, 251
Rocha, Glauce, 107, 108
Rocha, João Leonardo da Silva, 56
Rodrigues, Nelson, 11, 50, 250
Rogers, William, 16, 58, 251
Rosa, Guimarães, 11, 228, 230
Rosário, Artur Bispo do, 11, 234, 252
Rzepecki, Eric, 79

S

Salgado, João Lopes, 40
Samarone, 40
Sartre, Jean-Paul, 124, 148
Schilling, Paulo, 224
Silva, Ademar Ferreira da, 27
Silva, Cláudio Torres da, 40, 42
Silva, Luiz Inácio Lula da *ver* Lula
Silva, Virgílio Gomes da, 40, 64, 65, 70
Silveira, José, 224
Souza, Josias de, 241, 242
Souza, Percival de, 93
Spiegner, José Roberto, 31

Steiner, George, 132
Suassuna, Ariano, 131, 132, 216, 217
Suplicy, Eduardo, 185

T

Talese, Gay, 112, 232
Tate, Sharon, 27
Tavares, Flávio, 56, 115
Thatcher, Margareth, 211
Tito, Frei, 11, 90, 92, 93, 94, 131, 251
Tito, marechal, 37
Torres, Sérgio Rubens de Araújo, 40
Tostão, 40, 103
Travassos, Luiz, 21, 55
Trotski, Leon, 117
Tudjman, Franjo, 235
Tuma, Romeu, 11, 96, 97

U

Unger, Mangabeira, 213

V

Veiga, Evaristo da, 252
Venceslau, Paulo de Tarso, 40, 42, 63
Ventura, Zuenir, 233
Vereza, Carlos, 10, 75, 78, 251
Viana, Zelito, 113
Vianinha (Oduvaldo Vianna Filho), 11, 83
Vilas, Ricardo, 56
Von Holleben, Ehrenfried, 101, 103

Z

Zanconato, Mário, 56
Zarattini, Ricardo, 56
Zé Peixe, 11, 234, 235
Zico, 151, 152
Ziraldo, 179, 180

EDITORA
GLOBO

Copyright © 2009 by Geneton Moraes Neto e Fernando Gabeira

Todos os direitos reservados. Nenhuma parte desta edição pode ser utilizada ou reproduzida – por qualquer meio ou forma, seja mecânico ou eletrônico, fotocópia, gravação etc. – nem apropriada ou estocada em sistema de banco de dados, sem a expressa autorização da editora.

Texto fixado conforme as regras do novo Acordo Ortográfico da Língua Portuguesa (Decreto Legislativo n°. 54, de 1995).

Fotos da entrevista: Gilvan Barreto
Captação em vídeo: Jorge Mansur e Ricardo Pereira
Produção da gravação: Joana Passi de Moraes
Transcrição de fitas: Adriana Engracia de Oliveira
Pesquisa na Biblioteca Nacional: Elizabeth Passi
Entrevista com Fernando Gabeira gravada em 2/12/2007 em Ipanema, Rio de Janeiro.
Entrevistas complementares com Fernando Gabeira: 21/2/2009 e 2/5/2009.

Revisão: Ronald Polito, Beatriz de Freitas Moreira e Carmen T. S. Costa
Índice onomástico: Luciano Marchiori
Capa e projeto gráfico: epizzo

Imagem de capas internas: Prisioneiros liberados em troca do embaixador norte-americano, 1969 © Reprodução. Após exílio, Gabeira é recebido no Aeroporto Internacional do Rio de Janeiro, 1979 © Alcyr Cavalcanti / Agência O Globo

---

Dados Internacionais de Catalogação na Publicação (CIP)
(Câmara Brasileira do Livro, SP, Brasil)

Moraes Neto, Geneton
  Dossiê Gabeira : o filme que nunca foi feito / Geneton Moraes Neto ; prefácio de Ignácio de Loyola Brandão. -- São Paulo : Globo, 2009.

  ISBN 978-85-250-4725-0

  1. Brasil - Política e governo 2. Brasil - Políticos - Biografia 3. Gabeira, Fernando, 1941 - Entrevistas I. Brandão, Ignácio de Loyola. II. Título.

09-07122   CDD-320.09281

Índices para catálogo sistemático:
1. Brasil : Políticos : Biografia 320.09281

Direitos de edição em língua portuguesa adquiridos por:
EDITORA GLOBO S.A.
Av. Jaguaré, 1485 – São Paulo, SP, Brasil
05346-902
www.globolivros.com.br

Este livro, composto nas fontes ITC Stone Sans
e Berkeley e paginado por epizzo, foi impresso
em starmax 90 g na Prol Editora Gráfica.
São Paulo, Brasil, inverno de 2009.